IPsec y Redes Privadas Virtuales

Por Guillermo Marqués

IPsec y Redes Privadas Virtuales. Por Guillermo Marqués

-1-

Indice

IPsec y Redes Privadas Virtuales. Por Guillermo Marqués

¿Qué es una VPN?

Una VPN es una red privada virtual. Esto quiere decir que entre otras funciones, puede realizar el rol de una línea dedicada o red privada (segura), sin serlo físicamente, debido a la seguridad que ofrece. En el siguiente grafico vemos un ejemplo de uno de sus usos.

Línea dedicada

VPN

En el primer gráfico las empresas usan una línea dedicada para comunicarse. Esta línea solamente la utilizan ellos, por lo tanto nadie mas puede ver o modificar esa información que viaja por ella.

En el caso del segundo gráfico la red que se usa para el transporte de la información es Internet. Esta no es una línea segura ya que es usada por infinidad de usuarios ajenos a la empresa y cualquiera de ellos podría ver esa información, modificarla o incluso podría hacerse pasar por una de las dos empresas sin serlo.

Debido a todo esto, el tráfico que viaja por esta red necesita ser encriptado, su integridad garantizada y la identidad de las empresas autenticada. Además deberá existir un cuarto tipo de control que impida que la información sea replicada e inyectada de nuevo en la red por terceros.

La VPN, además de realizar estas tareas, es transparente para los puntos que se están comunicando, es decir, conceptualmente para las empresas del grafico existe un túnel seguro por el que viaja su información al que nadie mas puede acceder y que las comunica directamente, como si se tratase de un cable.

Para dotar a nuestro trafico de tal seguridad, en las VPN se usan una serie de protocolos. En este libro vamos a tratar con IPsec y GRE en conexiones Site-to-Site (L2L) y conexiones de acceso remoto.

IPsec y Redes Privadas Virtuales. Por Guillermo Marqués

-3-

IPsec

IPsec es un marco de trabajo que nos permite utilizar diversos protocolos y herramientas que dotan a nuestro tráfico con dicha seguridad.

Estos son una serie de conceptos y herramientas que usaremos en las comunicaciones IPsec:

- Key (llave): Es una serie de caracteres alfanuméricos, es decir una password o calve, que utilizamos, entre otras funciones, para poder encriptar la información. Como su nombre indica es una llave que en combinación con algo más nos permite acceder a un contenido o comprobar un contenido.

  - Estas key pueden ser simétricas, lo que significa que la misma key abre y cierra el contenido de algo, y por lo tanto los dos extremos tendrán que tener la misma key para poder comunicarse.

  - También pueden ser asimétricas. En este caso cada extremo tiene dos key. Una de ellas la usa para cerrar el contenido y la otra sirve para abrirlo. Por ejemplo, si tengo dos key A y B, lo que cierro con la key A solo se puede abrir con la key B y viceversa. De esta manera los dispositivos necesitan intercambiarse solo una de las key para poder comunicarse. En este libro explicare las key RSA como llaves asimétricas

- Encriptación: Es un proceso por el cual convertimos una información perfectamente entendible en algo totalmente incomprensible. Como es lógico, este proceso es reversible.
  Para llevarlo a cabo se necesitan algoritmos de encriptación. Al pasar un texto mas una key por uno de estos algoritmos encriptamos dicho texto. Si pasamos el texto encriptado mas la key por el mismo algoritmo lo desencriptamos.
  IPsec utiliza los siguientes algoritmos de encriptación: DES, 3DES, AES, RSA.

- Integridad: La integridad de la información enviada es uno de los aspectos que se puede tratar con IPsec.
  Comprobando la integridad de la información podemos asegurarnos de que no ha sido modificada por nadie en el trayecto hacia su destino.
  Para esto IPsec usa unas funciones de hash (marcado) llamadas H-MAC. Estas son: MD5 y SHA1.
  Funcionan de la siguiente manera. Si pasamos un texto y una key (simétrica) por una de estas funciones, se genera una cadena de caracteres (hash) de una longitud determinada, siempre la misma.
  Este hash se envía junto con el texto original. Al llegar al otro extremo, dado que tiene la misma key que hemos utilizado para crear el hash, vuelve a crearlo, si el texto no ha sido modificado el hash tiene que ser idéntico.

- Autenticación: Cuado existe una comunicaron entre dos entidades es importante tener por seguro que el otro extremo es quien dice ser y no un farsante.
  Para poder tratar esto IPsec nos permite elegir varias opciones:

  - Pre-shared key simétricas: Cada dispositivo tiene una clave asignada conocida por el resto de los dispositivos y que previamente ha sido dada a cada uno de ellos de manera segura.

IPsec y Redes Privadas Virtuales. Por Guillermo Marqués

-4-

Es un método muy sencillo de autenticación, pero también es el más inseguro. Además, si el número de dispositivos crece, nos obliga a añadir las nuevas claves a todos ellos pudiendo llegar a alcanzar una gran cantidad de modificaciones por cada cambio pequeño.

○ Pre-Shared key asimétricas: Cada dispositivo genera un juego de keys RSA, coge cierta información que le identifica y la encripta con su clave privada. La clave publica ha sido previamente enviada fuera de línea de manera segura (en un disco, e-mail, etc…) al otro dispositivo. Esta información encriptada se envía junto a la identidad para que el otro dispositivo pueda comprobar su validez con la key pública que fue enviada fuera de banda. En el siguiente esquema podemos ver su funcionamiento.

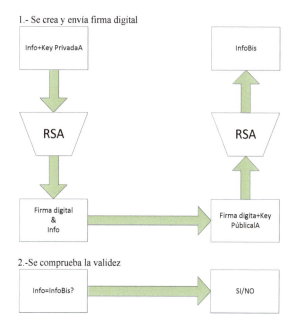

1.- Se crea y envía firma digital

2.-Se comprueba la validez

○ Encypted-Nonce: Para llevar a cabo este procedimiento cada dispositivo (A y B), genera un juego de keys RSA, una key pública y otra privada. La key pública se la envía al otro dispositivo, de manera que cada uno tiene tres key, dos propias y una publica del otro dispositivo (PrivA, PubA, PubB). Después de de esto cada dispositivo genera un número aleatorio llamado "nonce" y lo encripta usando la clave publica del otro dispositivo (PubB). Esta información encriptada es reenviada de vuelta al dispositivo inicial (B), el cual podrá desencriptarla con su key privada (PrivB). El resultado es el número aleatorio generado por el dispositivo A. Este número será el que va a ser usado por el dispositivo A como key del algoritmo H-MAC. Pasando dicha key más información que le identifica por una función H-MAC obtenemos un certificado auto firmado que será enviado junto a dicha información de identidad para que el otro dispositivo pueda comprobar su integridad usando la misma key y función H-MAC.

IPsec y Redes Privadas Virtuales. Por Guillermo Marqués

o Certificados: Un certificado es una marca de identidad que identifica unívocamente a un dispositivo, podríamos decir que es el equivalente a un DNI.

Los certificados pueden ser de dos tipos:

- Auto-firmados: Cada dispositivo coge información propia que le identifica como puede ser el host-name y la encripta con su clave privada. La clave pública es enviada al otro dispositivo para que pueda comprobar su validez desencriptando dicha información y comparándola con la identidad sin encriptar.
  Utilizando este método existe el problema que cualquiera puede generar un certificado auto firmado y no sabemos a ciencia cierta si su origen es una fuente fidedigna.

- Corporativos: Estos certificados no son generados individualmente por cada dispositivo. En su lugar hay una entidad llamada "Certification Authority" en la que todos los dispositivos del dominio confían y que es la encargada de emitir estos certificados. Un dispositivo, para obtener un certificado, tiene que solicitárselo al CA y este, una vez comprobada la validez de la solicitud, le proporciona su certificado de identidad (X.509 certificate)

o Intercambio de Key´s: Las Key se pueden intercambiar fuera de línea de una manera segura como un diskette, o en línea. Si elegimos esta última opción hay que elegir también un modo seguro para no poner en riesgo la privacidad de la conexión.
IPsec utiliza un modo seguro llamado algoritmo de Diffie-Hellman (DH) y funciona de la siguiente manera: Cada dispositivo genera un juego de key RSA y envía al otro dispositivo su key pública.
Como hemos dicho antes las key RSA de un mismo juego están relacionadas entre si, lo que se encriptaba con una se desencriptaba con la otra, pues bien el algoritmo DH utiliza esta relación existente para crear en ambos extremos una misma clave simétrica. Combinando la clave privada de un dispositivo con la clave pública del otro obtiene una clave. En el otro extremo realiza la misma operación y obtiene la misma clave. Este modo es muy seguro ya que cualquiera que pudiera estar capturando el tráfico solo obtendría la mitad de la información necesaria para conseguir averiguar la clave resultante, y las probabilidades de acierto son realmente ínfimas, por no decir nulas.

IPsec y Redes Privadas Virtuales. Por Guillermo Marqués

-6-

Este siguiente esquema muestra el proceso del algoritmo DH.

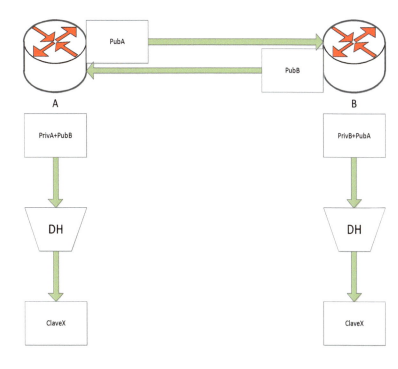

IPsec y Redes Privadas Virtuales. Por Guillermo Marqués

-7-

Encriptación e integridad

Como mencioné antes, la información que viaja a través de un túnel VPN puede ser encriptada y marcada para poder comprobar su integridad.

En primer lugar la información es encriptada usando un algoritmo de encriptación y una clave simétrica. Después, usando un algoritmo H-MAC y otra clave simétrica, se genera la marca (H-MAC Hash) para comprobar la integridad del paquete al ser recibido por el otro dispositivo. Al llegar el paquete a su destino, el receptor primero comprueba la integridad, si es correcta, entonces procede a desencriptar la información. En el caso contrario el receptor desecha el paquete sin desencriptarlo.

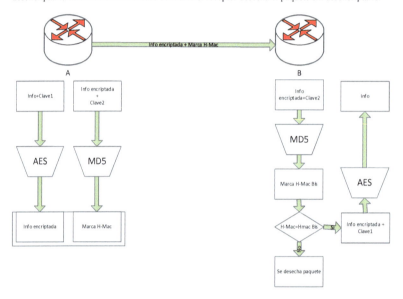

Autenticación y Certificados de identidad x.509v3

Este tipo de certificados nos identifican a la hora de establecer una comunicación con otro dispositivo pueden ser autogenerados por cada dispositivo o por una entidad llamada Certification Authority (CA)

El CA tiene su propio certificado de identidad, este es autogenerador por él, y el primer paso que tenemos que llevar a cabo para obtener el nuestro es obtener el certificado del CA. En esta etapa del proceso es muy importante asegurarse de de que el certificado que estamos aceptando e instalando en nuestro dispositivo es el verdadero, porque después todos los certificados de identidad que recibamos al iniciar comunicaciones con otros dispositivos los compararemos con este para comprobar su validez.

Una vez instalado el certificado de nuestro CA hay que solicitar nuestro certificado de identidad. Para ello nuestro dispositivo crea un paquete PKCS#10. Este paquete tiene un formato específico y contiene información relativa a nuestro dispositivo. Algunos de los campos de su contenido son:

IPsec y Redes Privadas Virtuales. Por Guillermo Marqués

-8-

- Nombre común (CN o DN): Es el nombre que tiene tu dispositivo y que le identifica de manera unívoca.
- Departamento (OU): Departamento al que pertenece. Cisco utiliza este campo para identificar el grupo al que pertenece un equipo.
- Organización (O): Empresa a la que pertenece el equipo.
- País (C): País de localización
- Estado (ST): Provincia o estado donde se encuentra.
- FQDN: Un nombre alternativo que sirve para identificar al dispositivo de manera única.
- Key pública: La llave RSA publica de nuestro dispositivo.
- Password: Una clave que tiene doble función. Una es para que el CA pueda validar la petición del certificado y la otra es proteger el certificado a la hora de eliminarlo

Esta información es firmada con la clave privada de nuestro dispositivo y enviada al CA junto a la original. Hay varias maneras de hacerle llegar al CA esta solicitud. En línea, mediante el protocolo SCEP o fuera de línea, en un disco con formato binario, o de texto.

El CA al recibir la información PKCS#10 verifica su validez usando la password con la que se creó la petición (solo si está configurada esta opción) y comprobando la firma digital con la clave RSA pública del dispositivo. Una vez validado, el CA utiliza esta información para generar el certificado de identidad.

Ahora el CA coge la información del PKCS#10 e información propia para generar el certificado. La información que añade es la siguiente: La identidad del CA que emite el certificado, el número de serie del certificado, las fechas entre las que es valido el certificado, la función H-MAC que usa el CA para firmar el contenido del paquete.

Ahora el CA genera un número aleatorio que hará las veces de clave simétrica H-MAC y toda la información recopilada y lo pasa por una función H-MAC generando una hash para comprobar la integridad. Después, usando su clave RSA privada, encripta la clave H-MAC. Esta información es añadida al certificado de identidad también.

El dispositivo que reciba el certificado puede desencriptar la clave simétrica con la clave pública del CA y así comprobar la autenticidad del certificado recibido.

En el siguiente gráfico vemos el proceso de creación y comprobación del certificado de identidad.

IPsec y Redes Privadas Virtuales. Por Guillermo Marqués

-9-

1.- El dispositivo crea el paquete PKCS#10 y lo envía encriptado al CA.

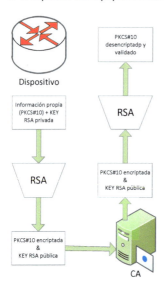

2.- El CA crea el certificado y lo reenvía al dispositivo.

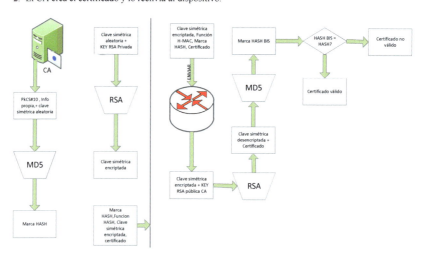

El CA envía el certificado en un formato llamado PKCS#7. Este formato encripta la información con la clave RSA pública del dispositivo que pidió el certificado. De esta manera el podrá desencriptar la información recibida.

IPsec y Redes Privadas Virtuales. Por Guillermo Marqués

-10-

Una vez que un dispositivo tiene un certificado ya esta listo para utilizarlo en la fase de autenticación con otro dispositivo.

Cuando un dispositivo recibe un certificado de otro comprueba una serie de cosas en el certificado para comprobar la autenticidad de este dispositivo:

- Con la clave pública del CA tiene que poder desencriptar la clave simétrica H-Mac y validar el contenido del certificado.
- El certificado no tiene que haber expirado.
- El certificado no esta listado en una CRL. Las CRL son listas donde el CA nombra certificados que han sido revocados por algún motivo. Estos certificados ya no son válidos.

En ocasiones un dispositivo puede contactar con el CA para descargarse el certificado del dispositivo con el que se esta autenticando.

Fases de la comunicación IPsec

- ISAKMP/IKE Fase 1

Las conexiones IPsec se forman en dos etapas, ISAMPK/IKE fase 1 y fase 2.
Durante la primera fase se establece una conexión segura llamada conexión de control que se usa para negociar los parámetros requeridos para establecer la segunda fase de la conexión. Esta primera conexión utiliza el protocolo UDP con puerto destino 500. Durante esta fase el dispositivo que inicia el proceso envía sus pólizas ISAKMP. Una póliza ISAKMP es una lista que contiene diversas opciones que se utilizarán a la hora de asegurar la conexión:

- Grupo de DH: Se especifica que grupo se usara para realizar el intercambio de claves.
- Método de autenticación: Los dispositivos pueden autenticarse de tres maneras: Con certificados, claves simétricas o utilizando RSA encrypted nonce
- Encriptación: Los métodos de encriptación posibles son: DES, 3DES, AES
- Función H-MAC: Eliges que función se usa para validar la integridad de los paquetes. Las opciones son MD5 y SH1.

El receptor de de la sesión va comparando la primera opción propuesta por el iniciador con todas las opciones posibles que el tiene configuradas en sus pólizas ISAKMP. Si no ha encontrado una igualdad, el receptor comparará su opción dos con todas las opciones que tiene configuradas el iniciador, y así sucesivamente. Para que la conexión sea posible los dos dispositivos tienen que coincidir en todas las opciones de al menos una de sus pólizas ISAKMP.

Existen dos maneras en las que los dispositivos pueden construir las conexiones de control:

- Main mode: Se realiza en tres pasos. Primero los dispositivos acuerdan como van a proteger la conexión intercambiando sus pólizas. Después ejecutan el algoritmo DH acordado anteriormente para intercambiar las claves simétricas que se usaran en las funciones H-MAC y de encriptación acordadas anteriormente. Por ultimo los dispositivos se autentican.
- Agresive mode: Se realiza en dos pasos. El iniciador envía al receptor su identidad, su lista de pólizas ISAKMP, la clave pública para realizar DH, su certificado o método de autenticación. Des pues el receptor le contesta diciendo si la conexión es posible o no.
  Este método es más rápido pero menos seguro debido a que la información relativa a la identidad de la entidad viaja sin ser protegida.

IPsec y Redes Privadas Virtuales. Por Guillermo Marqués

-11-

En resumen, el proceso para conexiones Site-to-Site (L2L) main mode es el siguiente:

- Un dispositivo iniciador envía un paquete UDP con puerto destino 500 al receptor solicitando establecer una conexión segura de control.
- Se intercambian las pólizas ISAKMP para acordar como van a proteger la conexión.
- Los dispositivos llevan a cabo el algoritmo DH para intercambiar las claves simétricas que usarán en los algoritmos de encriptación y H-MAC
- Si la autenticación se realiza mediante claves simétricas, los dispositivos se identifican para saber que clave simétrica van a utilizar.
- Se autentican usando la clave simétrica u otro medio de autenticación como puede ser usando certificados de identidad.

Las conexiones de acceso remoto pasan por algunos puntos más antes de iniciar la segunda fase:

- Autenticación del usuario (XAUTH): Además de autenticar el dispositivo desde el que se conecta un usuario, este usuario tiene su propia password para poder acceder al sistema.
- Políticas de grupo: Se aplican las políticas específicas para el grupo al que pertenece el usuario. Un ejemplo de estas podría ser especificar que trafico ha de viajar por el túnel y cual viaja de manera externa a él, que servidores DNS usará el cliente, de que que pool de IP´s obtendrá la suya, etc…
- Inyección de rutas (RRI): EL cliente puede inyectar su o sus rutas IP al dispositivo al que se conecta (receptor). De esta manera el receptor puede compartir esta información con otros routers de la red para que puedan alcanzar el otro extremo del túnel y por lo tanto al cliente.

- ISAKMP/IKE Fase 2

Utilizando la existente conexión de control los dispositivos negocian y establecen dos conexiones más, una entrante y otra saliente. Estas conexiones pueden tener las mismas características o no y son las que se utilizan para llevar el tráfico de información que se desea proteger.

La negociación de la seguridad de las conexiones se lleva a cabo mediante el intercambio de los Transform Set. Este concepto es muy similar al de las pólizas ISAKMP que hemos utilizado en la fase 1. En los Transform Set se especifica como se va a encriptar el tráfico y como se van a autenticar los paquetes que lo conforman. La encriptación o la autenticación de paquetes son opcionales.

También necesitamos saber que protocolo de transporte de seguridad vamos a utilizar. Las opciones son AH y ESP.

Una vez que sabemos como se va a proteger el tráfico necesitamos saber cual es el tráfico que vamos a proteger y que modo de encapsulación vamos a usar, túnel o transporte.

La selección del tráfico lo hacemos mediante las Crypto ACL´s. Todo el tráfico que cumpla las condiciones citadas en una Crypto ACL será encriptado y o autenticado por IPsec.

- Protocolos de seguridad: Los dos protocolos de seguridad que podemos elegir para crear una conexión IPsec son AH y ESP. AH solo proporciona autenticación de paquetes mediante una función H-MAC tal como SHA1 o MD5. Esta es su estructura:

IPsec y Redes Privadas Virtuales. Por Guillermo Marqués

-12-

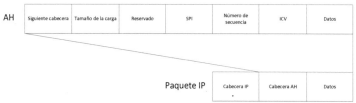

- o Siguiente cabecera: Especifica que protocolo se esta encapsulando en el campo de datos
- o Tamaño de la carga: Especifica el tamaño de la cabecera AH con los datos
- o SPI: Es un identificador que identifica unívocamente una conexión
- o Número de secuencia: Es un número único para cada paquete que va cambiando. Se usa para evitar ataques de repetición de paquetes
- o ICV: Este campo contiene el hash H-MAC y proporciona autenticación para el paquete (comprobación de su integridad) En este campo están protegidos todos los campos del paquete IP tales como la dirección IP, la cabecera AH, los datos del cliente y exceptúa los campos variables en las cabeceras IP y AH. Esta característica proporciona un alto grado de seguridad pero también nos impide el uso de NAT ya que cambiaria la dirección IP del paquete y al llegar este a su destino no pasaría la prueba de comprobación del ICV. Esto es así incluso si estamos trabajando en modo túnel porque la cabecera IP que se añade en este modo también esta protegida.

El otro protocolo de seguridad es ESP. Este puede proporcionar encriptación además de autenticación de paquetes. La encriptación la realiza mediante los algoritmos DES, 3DES o AES y la autenticación de paquetes mediante las funciones H-MAC SHA1 o MD5. Esta es su estructura:

El campo ICV solo contempla la integridad de los datos encriptados y de la cabecera ESP, por lo tanto, ESP si funciona a través de un dispositivo que haga NAT. ESP soporta NAT pero no PAT ya que no utiliza puertos como lo hacen TCP o UDP. Para solucionar esto existe una variación llamada NAT-T. Lo que hace NAT-T es encapsular la cabecera ESP con los datos encriptados en una cabecera UDP con puerto destino 4500.

NAT-T	Cabecera IP	Cabecera UDP	Cabecera ESP	Datos encriptados	Trailer ESP

Existen métodos similares a este como IPsec over TCP o ESP SPI matching.

IPsec y Redes Privadas Virtuales. Por Guillermo Marqués

- Modo de encapsulación: Podemos optar entre el modo transporte y el modo túnel. En el modo transporte el trafico IPsec se produce directamente entre el dispositivo origen y el destino, por lo tanto solo existe una dirección IP en todo el paquete.

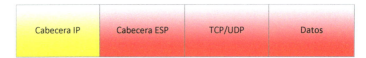

En el modo túnel se encapsula todo un paquete IP con su propia dirección IP en el campo de datos encriptados del paquete IPsec. Este último paquete tiene su propia cabecera IP que ira dirigida desde el elemento que inicia el túnel IPsec hasta el que lo termina y desencapsula. Una vez desencapsulado el paquete se dirige hacia su destino final al otro lado del túnel.

- Transform set: Nos permiten escoger que tipo de protocolo de seguridad vamos a usar, con que funciones de encriptación y autenticación y de que manera vamos a encapsular los paquetes. Los dos dispositivos tienen que coincidir en una de las configuraciones existentes, sino no la fase 2 fallará.

GRE

IPsec solo nos permite transportar trafico IP unicast. Esto puede convertirse en un problema si lo que deseamos es crear un túnel VPN entre dos redes IPX/SPX o si simplemente queremos que a través de ese túnel funcionen protocolos de enrutamiento que usan tráfico multicast. Para solucionar esto podemos utilizar el protocolo GRE en conjunción con IPsec. GRE es un protocolo de encapsulación que nos permite encapsular varios tipos de protocolos diferentes así como tráfico multicast. GRE es trafico IP unicast así que podemos usarlo junto a IPsec para poder transportar ese tráfico que no soporta IPsec.

Implementación en routers

En este apartado vamos a centrarnos en la configuración aisalada de las distintas partes que pueden conformar tu VPN IPsec. He añadido al principio de cada línea de comando el prompt del router en el que tenemos que situarnos para teclear cada comando. Esta primera subsección habla de los métodos de autenticación por los que podemos optar para montar una VPN, podríamos decir que es el paso número uno: elegir un método de autenticación y aplicarle. En siguientes subsecciones se explican los demás requisitos. Por último, en esta subsección, veremos como montar un CA en un router Cisco.

- Métodos de Autenticación

Vamos a tratar las distintas formas que podemos usar para autenticar nuestro hardware en una conexión IPsec.

IPsec y Redes Privadas Virtuales. Por Guillermo Marqués

-14-

- Preshared-Key:

  Router(config)# crypto isakmp identity {address | hostname Dn}: El primer paso que realiza un dispositivo antes de autenticarse con otro es saber quien dice que es el otro dispositivo. De esta manera puede escoger una clave u otra para realizar la autenticación. Pues bien con este comando le decimos a nuestro router como van a identificarle. El valor por defecto es la dirección IP pero podemos cambiarlo por el hostname o su nombre común del certificado.

  Router(config)# crypto isakmp {0 | 6} key keystring address peer_address [subnet_mask] [no-xauth] ;
  Router(config)# crypto isakmp {0 | 6} key keystring hostname peer_hostname [no-xauth]: Entre estos dos comandos tendremos que elegir dependiendo de cómo se vayan a identificar nuestros routers. Si se identifican por la IP elegiremos el primero si se identifican por el hostname, el segundo. Con esto creamos una clave precompartida (preshared) en nuestros router. El 0 o el 6 indican que la clave que estas escribiendo no esta encriptada (0) o sí lo esta (6). A continuación del parámetro address de la primera opción tienes que introducir la IP del router con el que la vas a usar. El otro router tendrá que tener la misma clave especificando tu IP. Podemos utilizar mascara para abrir el campo de validez de la clave, si ponemos la mascara 0.0.0.0 indicaríamos que esa clave sirve para cualquier conexión.

  Router(config)# key config-key password-encrypt: Esta es la manera de proteger nuestras claves compartidas encriptándolas. Al ejecutar el comando nos pedirá unas password que posteriormente utilizara para encriptar las claves que tengas configuradas usando AES.

  Router(config)# password encryption aes: Este comando es el ultimo paso para encriptar las claves. Estos dos comandos son opcionales.

  Router# show crypto isakmp key: Nos permite ver las claves ISAKMP que tenemos configuradas. Si la clave no esta encriptada podemos ver su valor.

- RSA Keys: Antes de generar nuestro juego de llaves RSA necesitamos que nuestro router tenga un hostname distinto a "Router" y que tenga un dominio definido. Esto lo hacemos con los comandos que ya conocemos :
  Router(config)# hostname router_name
  Router(config)# ip domain-name domain_name

  Router(config)# crypto key generate rsa [general-keys | usage-keys] key_pair_label [exportable] : Generamos un juego de llaves RSA. La opción general-keys crea un solo juego de llaves que se usará para encriptar y autenticar. La opción Usage-keys crea dos juegos de dos llaves, una para encriptar y otro para autenticar. Podemos crear varios juegos de llaves nombrándolas de manera diferente con el parámetro key_pair_label. Si añadimos el parámetro exportable haremos que nuestras key RSA se pueden guardar en formato PEM y de esa manera extraerlas del router o hacer una copia de seguridad.

  Router# show crypto key mypubkey rsa: Muestra las claves RSA que tienes en tu router.

  Router(config)# crypto key pubkey-chain rsa : Nos disponemos ha copiar la clave pública de otro router en el nuestro. Este proceso anteriormente descrito es necesario para autenticarse usando RSA encrypted nonce. Al teclear esta línea entramos en el modo de configuración de la key

  Router(config-pubkey-c)# named-key peer_name [encryption |signature]: Si identificamos a nuestros router por su hostname utilizaremos este comando para indicar a que router pertenece la clave pública y si se usa para autenticar o encriptar.

IPsec y Redes Privadas Virtuales. Por Guillermo Marqués

-15-

Router(config-pubkey-c)# addressed-key peer_IP_address [encryption | signature]: Este comando se usa si identificamos a nuestros router por su dirección IP. El funcionamiento es el mismo que el del comando anterior.

Router(config-pubkey-k)# key-string key_string: Una vez tecleado esto podemos copiar y pegar la clave pública del otro router . Se termina el proceso de copia cuando tecleamos quit.

Router# show crypto key pubkey-chain rsa: Este comando nos muestra las claves RSA públicas de otros router que tenemos instaladas en el nuestro.

Router(config)# crypto key zeroize rsa [key_pair_label]: Usaremos este comando si queremos borrar un juego de claves RSA. Si no especificas que etiqueta tienen, se borraran todas.

Router(config)# crypto key export rsa KEY_name pem {terminal | url URL} {des | 3des} passphrase: Esto nos permite exportar nuestras claves RSA. Solo es posible si al crearlas elegiste la opción exportable. Al final de la línea de comando hay que añadir una password que será necesaria el día que quieras importar las claves de nuevo.

Router(config)# crypto key import rsa KEY_name pem {terminal | url URL} {des | 3des} [exportable] passphrase: Así importamos un juego de claves RSA a nuestro router.

- Router como CA parte 1 (Configuración):
  Uno de nuestros routers puede hacer la función de servidor de certificados. A continuación os muestro como configurarlo.

  El CA necesita un juego de llaves RSA, estas podemos crearlas a mano o se crearan automáticamente al activar el CA. Es recomendable crearlas a mano ya que así podemos crearlas exportables (las key tienen que tener el mismo nombre que el CA).Esto viene porque en el caso de que nuestro router se estropeara podríamos instalar el mismo CA en otro router de backup sin tener que volver a generar todos los certificados. En las versiones de IOS más modernas existe una opción que te permite crear una copia de seguridad de tu CA en el momento de la puesta en marcha.

  Router(config)# ip http Server: Esto activa el servicio http en tu router. Recordad que el protocolo SCEP, que se usa para la petición y entrega de certificados, es tráfico http.

  Router(config)# crypto pki server CA_name: Creas el servidor y entras en el modo de configuración del mismo.

  Router(cs-server)# issuer-name CA_string: Especificas el nombre de emisor que aparece en el certificado. Es decir, aquí hay que poner el nombre del CA

  Router(cs-server)# database url root_URL: Indicas donde esta la base de datos de tus certificados. Por defecto se aloja en la NVRAM del router.

  Router(cs-server)# database archive {pkcs12 | pem} [password passphrase]: Si añadimos este comando a la configuración del CA, se generará automáticamente una copia de su certificado y claves RSA. Hay que elegir en que formato vamos a realizar la copia (pem o pkcs12) y una password que protegerá las claves RSA. Esta pasword te la pedirá el día que quieras importar de nuevo las claves RSA a un router.

  Router(cs-server)# database level {minimal | names | complete}: Indicas el nivel de detalle de tu base de datos. Si eliges complete guardará una copia de cada certificado que se genera.

IPsec y Redes Privadas Virtuales. Por Guillermo Marqués

-16-

Router(cs-server)# database username username password password: Para mayor seguridad, puedes especificar que usuario tiene acceso al control de la base de datos del CA. Si alguien se loguea con otro usuario diferente no podrá acceder a ella.

Router(cs-server)# grant {none | auto | ra-auto}: Con este comando puedes indicarle al CA que auto genere los certificados una vez recibida la petición o que los deniegue.

Router(cs-server)# no shutdown: Arrancas el CA.

Router# show crypto ca certificates : Muestra los certificados que están instalados en tu router incluyendo el del CA.

Router# show crypto pki Server: Muestra el estado de nuestro servidor CA

- Router como CA parte 2 (Manejo de peticiones):
  Una vez iniciado el servicio estamos listos para recibir y manejar peticiones de certificados. El manejo del CA se hace desde el prompt de enable del router.

  Router# crypto pki server CA_name info requests: Nos permite ver las peticiones de certificados pendientes.

  Router# crypto pki server CA_name remove {all | reqID}: Eliminas una o todas las peticiones de la base de datos de peticiones. Esto no es lo mismo que rechazar una petición. El cliente no recibe ningún tipo de noticia respecto a la eliminación de la petición.

  Router# crypto pki server CA_name grant {all | reqID}: Aceptas la petición de certificado y generas y reenvías el certificado al cliente en el caso de que la petición se hiciera usando SCEP.

  Router# crypto pki server CA_name reject {all | reqID}: Rechazas una petición de certificado.

  Router# crypto pki server CA_name password generate [minutes]: Con este comando el router genera un password aleatorio de 60 minutos de validez (a no ser que especifiques otro tiempo) que tendrá que coincidir con el campo password de la petición del certificado del cliente. Es decir que el cliente tiene que conocer el password para conseguir su certificado.

  Router# crypto pki server CA_name request pkcs10 {URL | terminal} [pem]: Esto nos permite pedir un certificado de manera manual pegando en el terminal la petición de certificado o indicando al router donde puede encontrar la información PKCS10. Una vez aceptada la petición el router dejará el certificado en el mismo sitio donde encontró la petición.

  Router# crypto pki server CA_name revoke certificate_serial_#: Esta es la manera de anular un certificado. Al hacer esto el certificado pierde toda su validez y se añade a la lista CRL del servidor.

- Router como CA parte 3 (Archivos):
  En esta sección veremos que archivos podemos encontrar en la base de datos de nuestro CA. Este es un ejemplo del listado de directorio donde está la base de datos de nuestro CA

      Directory of flash:/certificados/

          8 -rwx   32 Jan 23 2011 17:32:34 +00:00 ca_lider3.ser
          9 -rwx   511 Jan 21 2011 17:44:05 +00:00 0x1.crt
         10 -rwx   65 Jan 21 2011 17:44:05 +00:00 0x1.cnm
         12 drwx   320 Jan 31 2011 16:22:24 +00:00 backup

IPsec y Redes Privadas Virtuales. Por Guillermo Marqués

```
11  -rwx     279  Jan 31 2011 11:25:35 +00:00  ca_lider3.crl
13  -rwx     632  Jan 21 2011 18:19:44 +00:00  0x2.crt
14  -rwx     199  Jan 21 2011 18:19:44 +00:00  0x2.cnm
15  -rwx     634  Jan 21 2011 19:13:09 +00:00  0x5.crt
16  -rwx     201  Jan 21 2011 19:13:09 +00:00  0x5.cnm
17  -rwx     697  Jan 23 2011 17:32:34 +00:00  0x7.crt
18  -rwx     100  Jan 23 2011 17:32:34 +00:00  0x7.cnm
```

El archivo .ser contiene el número de serie del ultimo certificado emitido.

Por cada certificado emitido se crean los archivos .crt, que contienen el certificado en si y los .cnm, donde se almacena información relativa al certificado y a quien le pertenece. El nombre de los archivos .crt (ej: 0x1.crt) hace referencia al número de serie del certificado. El archivo .crl contiene la lista de certificados revocados.

- Certificados de identidad:

  Para poder adquirir nuestro certificado de identidad hay que seguir cuatro pasos: Crear un juego de claves RSA, crear un punto de confianza, autenticarle y enrolarse. Con el segundo paso indicamos el CA de donde obtendremos nuestro certificado. En el tercero aceptamos su certificado. En el cuarto pedimos nuestro certificado de identidad y estamos a la espera de recibir el nuestro.

  Router(config)# crypto {ca | pki} trustpoint CA_name: Añadimos un CA y entramos en el modo de configuración de este.

  Router(ca-trustpoint)# enrollment url CA_URL: Indicamos la dirección de enrolamiento del CA. Esta puede tener el siguiente aspecto: http://ip_del_ca:80

  Router(ca-trustpoint)# rsakeypair label: Indicamos que juego de claves RSA utilizamos para realizar la petición de certificado.

  Router(ca-trustpoint)# subject-name: Aquí ponemos información relativa a nosotros, como podría ser nuestro nombre, para añadirla al certificado. Se añade usando el formato CN= nombre C= país ST=provincia OU= departamento O=empresa

  Router(ca-trustpoint)# serial-number: Incluyes el número de serie del router en el certificado.

  Router(ca-trustpoint)# ip-address: Incluyes la IP de uno de los interfaces en el certificado.

  Router(ca-trustpoint)# password: Esta es la password que se usara para revocar el certificado. Si nuestro CA esta configurado para usar un password de comprobación, este tendrá que coincidir con el introducido en este campo.

  Router(config)# crypto {ca | pki} authenticate CA_name: En este paso pedimos el certificado del CA y si lo aceptamos lo instalará y comparará el resto de los certificados basándose en este.

  Router(config)# crypto {ca | pki} enroll CA_name: Pedimos el certificado al CA.

  Router(config)# crypto {ca | pki} export CA_name pkcs12 destination_URL passphrase: Exportamos nuestras claves RSA y nuestro certificado de identidad.

  Router(config)# crypto {ca | pki} import CA_name pkcs12 source_URL passphrase: Importamos un certificado y su juego de claves RSA.

IPsec y Redes Privadas Virtuales. Por Guillermo Marqués

-18-

- CABAC y Certificate ACL´s:

Cabac (certificate attribute-based access control) nos permite establecer un nivel previo de seguridad a la hora de aceptar un certificado. Nos permite aceptar o no un certificado basándose en el valor de alguno de los campos de dicho certificado. Para ello tenemos que crear unos mapas en los que estableceremos los criterios en los que el router se basará para aceptar un certificado o no. Por ejemplo, podríamos establecer uno que fuera que el campo OU del certificado fuera Administradores. Si el certificado recibido tiene en su campo OU este valor se procederá a validar el certificado con la clave del CA, comprobando que no ha expirado y que no forma parte de la lista CRL. En otro caso el certificado es rechazado sin hacer ninguna comprobación más. Podemos utilizarlo también para aceptar certificados que no cumplen alguno de los requisitos necesarios para ser validos, tales como la fecha de caducidad o aparecer en una lista CRL. Para configurarlo primero necesitamos crear los mapas con los criterios a seguir y después añadirlo a nuestro trust point.

Router(config)# crypto ca certificate map map_name sequence_#: Creamos el mapa de certificado en el que iremos agrupando los criterios necesarios.

Router(ca-certificate-map)# field_name operator match_value: Así vamos incluyendo los campos del certificado y el valor que deben de tener para pasar la prueba. Los operadores que podemos usar para hacer la comparación son eq=igual, co= contiene, ne=no igual, it=menor que, gt=mayor que.

Router(config)# crypto ca trustpoint CA_name: Entramos en la configuración de nuestro punto de confianza .

Router(ca-trustpoint)# match certificate map_name[allow expired-certificate | skip revocation-check | skip authorization-check]: Añadimos el mapa de criterios. Si agregamos alguno de los parámetros adicionales podemos evitar que el router compruebe la fecha de expiración, la pertenecía a un CRL, o la comprobación de un servidor AAA si es que esta configurado.

- Conexiones L2L

Para realizar estas conexiones utilizaremos dos routers como puertas de enlace VPN y los usaremos para conectar dos redes privadas.

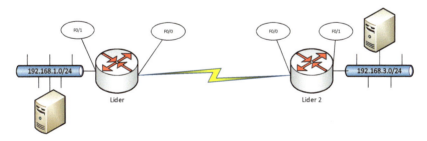

- Pólizas ISAKMP: Una vez decidida la manera de autenticar nuestros routers el paso siguiente es configurar las pólizas para poder establecer la conexión de control.

IPsec y Redes Privadas Virtuales. Por Guillermo Marqués

-19-

Router(config)# crypto isakmp policy priority: Usaremos este comando para crear una póliza. La prioridad de esta es importante ya que durante la negociación se intentara usar primero las pólizas de más baja prioridad. Posteriormente pasaremos a definir su contenido.

Router(config-isakmp)# encryption {des | 3des | aes}: Elegimos el algoritmo de encriptación de la información

Router(config-isakmp)# hash {sha | md5}: Elegimos la función de autenticación o marcado de paquetes.

Router(config-isakmp)# authentication {rsa-sig | rsa-encr | pre-share}: Elegimos el modo de autenticación de los routers. El modo elegido debe estar previamente preparado para funcionar.

Router(config-isakmp)# group {1 | 2 | 5}: Elegimos el grupo DH para el intercambio de claves simétricas.

Router# show crypto isakmp policy: Este comando nos permite ver las pólizas que tenemos configuradas.

- Keepalive y DPD: El keepalive nos permite, primero mantener nuestras sesiones isakmp abiertas durante un periodo de tiempo en el que no hay tráfico, y dos, detectar si el otro router sigue vivo para poder cerrar las sesiones activas en el caso de que se haya perdido la conexión.

Router(config)# crypto isakmp keepalive seconds [retries] [periodic | on-demand]: Activamos keepalive y DPD especificando el intervalo de tiempo entre los paquetes.

- Transform set: Entramos en la segunda fase del establecimiento de la conexión y tenemos que decidir como vamos a proteger las conexiones de datos (con que protocolo de seguridad y que algoritmo de autenticación de paquetes y encriptación) y que encapsulación vamos a usar. Para esto usamos los transform set.

Router(config)# crypto ipsec transform-set transform_set_name transform1 [transform2 [transform3 [transform4]]]: Definimos el transform set. Los transform set son una combinación del protocolo de seguridad (ESP o AH) más el modo de autenticación de paquetes (MD5 o SHA1) más el modo de encriptación (AES, DES, 3DES). Esta última faceta solo nos la brinda el protocolo ESP.

Router(cfg-crypto-tran)# mode [tunnel | transport]: Una vez definido el Transform set elegimos el modo de encapsulación.

- Crypto ACL: Ya sabemos como vamos a proteger el tráfico pero nos falta especificar que tráfico va a ser este. Mediante una access-list podemos especificar el tráfico que pasará por la VPN. Todo el tráfico que cumpla una de sus condiciones formará parte del trafico VPN.

- Crypto mapas: Toda esta información ha de recopilarse junta en un crypto mapa para que la VPN pueda funcionar. Los crypto mapas pueden ser de dos tipos, estáticos y dinámicos.

  o Crypto mapas estáticos: Los mapas estáticos, como su nombre indica, siempre se usan para conectar los mismos routers entre si. En la configuración de estos tendremos que incluir como mínimo el Transform set a usar, la IP o hostname del otro router con el que se establece la conexión y la crypto ACL que especifica el tráfico que formara parte de la VPN.

  Router(config)# crypto map map_name seq_# ipsec-isakmp: Creas el crypto mapa y entras en su modo de configuración. Añadimos el parámetro IPsec-isakmp porque existe tambien un modo manual. En este modo la negociación de la conexión de gestión

IPsec y Redes Privadas Virtuales. Por Guillermo Marqués

-20-

se hace de manera automática. En el modo manual has de configurar tú en cada router las claves públicas, especificar las características de la conexión etc. Este modo no lo usaremos en este libro debido a que su única ventaja es que la conexión tarda menos en establecerse debido a que no tiene que negociar la conexión de control y tiene entre otras la desventaja de que no funciona con certificados.

Router(config-crypto-m)# match address ACL_name_or_#: Indicas que lista de acceso (tiene que ser previamente creada) que va a seleccionar el tráfico para ser pasado por la VPN

Router(config-crypto-m)# set peer {hostname | IP_address}: Identificas con quien se establece la comunicación. Es el otro extremo de la VPN

Router(config-crypto-m)# set transform-set transform_set_name1 [transform-set-name2...transform-set-name6]: Eliges el Transform set a utilizar en la conexión

Router(config-crypto-m)# set pfs [group1 | group2 | group5]: Esta opción no es necesaria. Cuando una sesión ISAKMP/IKE ha caducado es necesario levantar otra sesión de control para establecer las bases de la conexión segura de datos. Pues bien, hay un paso alternativo que es utilizar DH para este proceso de cambio de información. Con este proceso elegimos que grupo DH utilizaremos para esa negociación.

Router(config-if)# crypto map map_name: Ahora solo queda aplicar el mapa al interface por el cual nos conectaremos al otro router para activar la VPN.

o Ejemplo: Aquí tenemos un ejemplo de configuración de VPN con mapas estáticos. El esquema que seguiré es el incluido en el principio de este punto. Esta es la configuración de sus interfaces: Lider FastEthernet0/1 IP = 192.168.1.0/24; Lider FastEthernet0/0 IP = 192.168.0.0/24; Lider2 FastEthernet0/1 IP = 192.168.3.0/24; Lider2 FastEthernet0/0 IP = 192.168.0.0/24

Router Lider

Cambiamos el nombre del router
Router(config)#hostname Lider

Activamos ISAKMP. Esta opción esta activa por defecto
Lider(config)# crypto isakmp enable

Con este parámetro indicamos que nuestros router se identifican entre si por su dirección IP
Lider(config)# crypto isakmp identity address

Creamos la póliza con prioridad 10 para establecer la fase 1 de la conexión. La prioridad en este caso no tiene mucha importancia ya que sólo tenemos una póliza
Lider(config)# crypto isakmp policy 10

El tráfico de la sesión de control se encriptará usando AES 128
Lider(config-isakmp)# encryption aes 128

La comprobación de la integridad de los paquetes o su autenticación se hará usando la función H-MAC MD5
Lider(config-isakmp)# hash md5

Los routers comprobaran la autenticidad de su identidad usando claves precompartidas
Lider(config-isakmp)# authentication pre-share

IPsec y Redes Privadas Virtuales. Por Guillermo Marqués

El intercambio de claves se llevara a cabo usando grupo 2 de DH
Lider(config-isakmp)# group 2

Salimos del modo de configuración de la póliza
Lider(config-isakmp)# exit

Esta es la clave que va a usar para autenticar al router con identidad 192.168.0.2 (como los routers en este caso se identifican por su IP, su identidad es también su dirección IP). El otro router tiene que tener configurada la misma clave apuntando a nuestra identidad. Añadimos el parámetro no-xauth porque estas conexiones no requieren el nivel de autenticación de usuario.
Lider(config)# crypto isakmp key cisco123 address 192.168.0.2 255.255.255.255 no-xauth

Esta es la crypto ACL. Como podéis ver todo el tráfico IP que salga de la red 192.168.1.0 con destino un host de la red 192.168.3.0, será pasado por la VPN
Lider(config)#access-list 101 permit ip 192.168.1.0 0.0.0.255 192.168.3.0 0.0.0.255

Para establecer las características de las conexiones de datos seguras en la segunda fase de la conexión definimos el transform set. En este caso usamos el protocolo de seguridad ESP para encriptar con AES y también usamos ESP pero esta vez con MD5 para la autenticación de paquetes
Lider(config)# crypto ipsec transform-set lider2 esp-aes esp-md5-hmac

Definimos el crypto mapa en el que incluimos todos estos datos ya definidos.
Lider(config)# crypto map lider2 10 ipsec-isakmp

Le decimos al router que el otro router con el que va a establecer la conexión es el de esa IP (Lider2)
Lider(config-crypto-m)# set peer 192.168.0.2

Elegimos elTransfom set
Lider(config-crypto-m)# set transform-set lider2

Elegimos la crypto ACL que selecciona el tráfico
Lider(config-crypto-m)# match address 101

Entramos en la configuración del interface que se va a conectar con el otro router (Lider2) y le ponemos una IP
Lider(config)# interface Ethernet0/0
Lider(config-if)# ip address 192.168.0.1 255.255.255.0

Añadimos al interface el crypto map para activarlo
Lider(config-if)# crypto map lider2

Lider(config)# interface Ethernet0/1
Lider(config-if)# ip address 192.168.1.1 255.255.255.0

Para que nuestro router sepa hacia donde enviar los paquetes, añadimos la ruta estática a la tabla de enrutamiento
ip route 192.168.0.3 255.255.255.0 FastEthernet0/0

IPsec y Redes Privadas Virtuales. Por Guillermo Marqués

-22-

La configuración del otro router (Lider2) es prácticamente la misma. Solo voy a comentar los cambios.

Router Lider2

Router(config)#hostname Lider2

Lider(config)# crypto isakmp enable
Lider(config)# crypto isakmp identity address

Configuramos una póliza igual a la del router Lider. La prioridad no importa, solo de que esta formada la póliza
Lider(config)# crypto isakmp policy 10
Lider(config-isakmp)# encryption aes 128
Lider(config-isakmp)# hash md5
Lider(config-isakmp)# authentication pre-share
Lider(config-isakmp)# group 2
Lider(config-isakmp)# exit

En este caso la clave se usa con la identidad de Lider
Lider(config)# crypto isakmp key cisco123 address 192.168.0.1 255.255.255.255 no-xauth

Fijaros que el tráfico en el otro router va en sentido contrario, lo que era destino en un extremo es origen en el otro.
Lider(config)#access-list 101 permit ip 192.168.3.0 0.0.0.255 192.168.1.0 0.0.0.255

Lider(config)# crypto ipsec transform-set lider esp-aes esp-md5-hmac

He nombrado al mapa lider porque me facilita la tarea a la hora de repasar la configuración ya que lo uso para conectarme al router Lider. Lo que quiero decir es que no es necesario que el mapa se llame como el router del otro extremo.
Lider(config)# crypto map lider 10 ipsec-isakmp

El router del otro extremo es Lider
Lider(config-crypto-m)# set peer 192.168.0.1
Lider(config-crypto-m)# set transform-set lider
Lider(config-crypto-m)# match address 101

Lider(config)# interface Ethernet0/0
Lider(config-if)# ip address 192.168.0.2 255.255.255.0
Lider(config-if)# crypto map lider

Lider(config)# interface Ethernet0/1
Lider(config-if)# ip address 192.168.3.1 255.255.255.0

ip route 192.168.1.0 255.255.255.0 FastEthernet0/0

o   Crypto mapas dinámicos: Estos mapas son más abiertos. Se usan cuando no sabes quien va a establecer una conexión contigo o cuando no sabes la IP del otro router que va a establecerla, como por ejemplo, cuando adquiere su IP mediante DHCP. El extremo que inicie la conexión tiene que tener un mapa estático. Los mapas dinámicos solo requieren que configures el Transform set a utilizar. Aceptará cualquier crypto ACL que lo proponga el otro router. Tampoco es necesario configurar el parámetro peer

IPsec y Redes Privadas Virtuales. Por Guillermo Marqués

porque como dijimos antes, no sabemos cual puede ser la diección IP del router al otro extremo.

Router(config)# crypto dynamic-map dynamic_map_name sequence_#: Creamos el mapa dinámico

Router(config-crypto-m)# set transform-set transform_set_name1 [transform-set-name2...transform-set-name6]: Indicamos que Transform set vamos a utilizar.

Router(config)# crypto map static_map_name seq_# ipsec-isakmp dynamic dynamic_map_name: Para que el mapa dinámico funcione hay que unirle a uno estático, que a su vez hay que activarlo en un interface. El número de secuencia de este mapa estático tiene que ser alta (baja prioridad) para evitar que acepte otras conexiones por si solo.

o   Ejemplo: En este ejemplo el router Lider2 adquiere su IP de manera dinámica al conectarse con su ISP.

Router Lider

Router(config)#hostname Lider
Lider(config)# crypto isakmp enable
Lider(config)# crypto isakmp identity address
Lider(config)# crypto isakmp policy 10
Lider(config-isakmp)# encryption aes 128
Lider(config-isakmp)# hash md5
Lider(config-isakmp)# authentication pre-share
Lider(config-isakmp)# group 2
Lider(config-isakmp)# exit

Utilizamos una clave con wildcard. Esto significa que usara esa clave con cualquier router. Tenemos que utilizar esta opción ya que en este caso no sabemos la IP de Lider2
Lider(config)# crypto isakmp key cisco123 address 0.0.0.0 0.0.0.0 no-xauth

Creamos una ruta por defecto para que envíe todo el tráfico por el interface Fastethernet 0 0. El tráfico que tenga que pasar por la VPN será seleccionado por la crypto ACL que nos imponga el router que inicie la sesión IPsec
Lider(config)# ip route 0.0.0.0 0.0.0.0 Fastethernet 0/0

Lider(config)# crypto ipsec transform-set lider2 esp-aes esp-md5-hmac
Lider(cfg-crypto-tran)# exit

Creamos el crypto mapa dinámico
Lider(config)# crypto dynamic-map lider2_dyn 10
Lider(config-crypto-map)# set transform-set lider2
Lider(config-crypto-map)# exit

Enlazamos el mapa dinámico con uno estático
Lider(config)# crypto map lider2 65000 ipsec-isakmp dynamic lider2_dyn

Lider(config)# interface Ethernet0/0
Lider(config-if)# ip address 192.168.0.1
Lider(config-if)# crypto map lider2
Lider(config)# interface Ethernet0/0
Lider(config-if)# ip address 192.168.1.1

IPsec y Redes Privadas Virtuales. Por Guillermo Marqués

-24-

Router Lider2

```
Router(config)#hostname Lider2
Lider2(config)# crypto isakmp enable
Lider2(config)# crypto isakmp identity address
Lider2(config)# crypto isakmp policy 10
Lider2(config-isakmp)# encryption aes 128
Lider2(config-isakmp)# hash md5
Lider2(config-isakmp)# authentication pre-share
Lider2(config-isakmp)# group 2
Lider2(config-isakmp)# exit

Lider2(config)# crypto isakmp key cisco123 address 192.168.0.1 255.255.255.255 no-xauth

Lider2(config)# ip access-list 101 permit ip 192.168.3.0 0.0.0.255 192.168.1.0 0.0.0.255

Lider2(config)# ip route 192.168.1.0 255.255.255.0 Fastethernet 0/0
Lider2(config)# crypto ipsec transform-set lider esp-aes esp-md5-hmac
Lider2(cfg-crypto-tran)# exit
Lider2(config)# crypto map lider 10 ipsec-isakmp
Lider2(config-crypto-m)# set peer 192.168.0.1
Lider2(config-crypto-m)# set transform-set lider
Lider2(config-crypto-m)# match address 101
Lider2(config-crypto-m)# exit

Lider2(config)# interface Ethernet0/0
```
Adquirimos la IP mediante DHCP
```
Lider2(config-if)# ip address dhcp
Lider2(config-if)# crypto map lider
```

- o TED: Ted es un protocolo de Cisco que permite la comunicación entre dos routers con mapas dinámicos sin la necesidad que uno de los dos tenga uno estático. Sus siglas significan Tunnel End Discover y su funcionamiento es el siguiente. El router A envía un paquete al router B. El router B no tiene ninguna sesión activa con el router A pero el origen y destino del paquete encaja con la crypto ACL que tiene configurada. El router B descarta el paquete pero responde a router A con una prueba TED en la que se encuentra su identidad. El router A descarta el paquete recibido al no estar encriptado pero devuelve la prueba TED al router B. Ahora el router B sabe la identidad del router A y puede iniciar una sesión.

  Router(config)# crypto map static_map_name seq_# ipsec-isakmp dynamic dynamic_map_name discover: La única diferencia existente con un mapa dinámico normal es que hay que incluir el parámetro discover al final del mapa estático donde nombramos al mapa dinámico en cuestión.

- o Ejemplo: Los router Lider y Lider2 no tienen una IP estática y establecen una sesión IPsec usando TED.

Router Lider

```
Router(config)#hostname Lider
Lider(config)# crypto isakmp enable
Lider(config)# crypto isakmp identity address
Lider(config)# crypto isakmp policy 10
```

IPsec y Redes Privadas Virtuales. Por Guillermo Marqués

-25-

```
Lider(config-isakmp)# encryption aes 128
Lider(config-isakmp)# hash md5
Lider(config-isakmp)# authentication pre-share
Lider(config-isakmp)# group 2
Lider(config-isakmp)# exit
```

Utilizamos una clave con wildcard. Esto significa que usara esa clave con cualquier router.
```
Lider(config)# crypto isakmp key cisco123 address 0.0.0.0 0.0.0.0 no-xauth
```

Crypto ACL que selecciona el tráfico que viaja desde nuestra red a la red que esta detrás del router Lider2
```
Lider(config)# ip access-list 101 permit ip 192.168.1.0 0.0.0.255 192.168.3.0 0.0.0.255

Lider(config)# ip route 192.168.3.0 255.255.255.0 Fastethernet 0/0

Lider(config)# crypto ipsec transform-set lider2 esp-aes esp-md5-hmac
Lider(cfg-crypto-tran)# exit
```

Creamos el crypto map dinámico
```
Lider(config)# crypto dynamic-map lider2_dyn 10
Lider(config-crypto-map)# set transform-set lider2
Lider(config-crypto-map)# match address 101
Lider(config-crypto-map)# exit
```

Enlazamos el mapa dinámico con uno estático y añadimos el parámetro que activa TED
```
Lider(config)# crypto map lider2 65000 ipsec-isakmp dynamic lider2_dyn discover

Lider(config)# interface Ethernet0/0
Lider(config-if)# ip address 192.168.0.1
Lider(config-if)# crypto map lider2
```

Router Lider2

```
Router(config)#hostname Lider2
Lider(config)# crypto isakmp enable
Lider(config)# crypto isakmp identity address
Lider(config)# crypto isakmp policy 10
Lider(config-isakmp)# encryption aes 128
Lider(config-isakmp)# hash md5
Lider(config-isakmp)# authentication pre-share
Lider(config-isakmp)# group 2
Lider(config-isakmp)# exit
```

Utilizamos una clave con wildcard. Esto significa que usara esa clave con cualquier router.
```
Lider(config)# crypto isakmp key cisco123 address 0.0.0.0 0.0.0.0 no-xauth
```

Crypto ACL que selecciona el tráfico que viaja desde nuestra red a la red que esta detrás del router Lider
```
Lider(config)# ip access-list 101 permit ip 192.168.3.0 0.0.0.255 192.168.1.0 0.0.0.255

Lider(config)# ip route 192.168.1.0 255.255.255.0 Fastethernet 0/0

Lider(config)# crypto ipsec transform-set lider esp-aes esp-md5-hmac
Lider(cfg-crypto-tran)# exit
```

IPsec y Redes Privadas Virtuales. Por Guillermo Marqués

-26-

Creamos el crypto mapa dinámico
Lider(config)# crypto dynamic-map lider_dyn 10
Lider(config-crypto-map)# set transform-set lider
Lider(config-crypto-map)# match address 101
Lider(config-crypto-map)# exit

Enlazamos el mapa dinámico con uno estático y añadimos el parámetro que activa TED
Lider(config)# crypto map lider 65000 ipsec-isakmp dynamic lider_dyn discover

Lider(config)# interface Ethernet0/0
Lider(config-if)# ip address 192.168.0.2
Lider(config-if)# crypto map lider

o Crypto Mapas basados en nombres: Esta capacidad nos permite aceptar conexiones o no dependiendo del valor de algunos campos del certificado del otro router. Es similar a CABAC pero en este caso se realiza a nivel de crypto mapa. De esta manera podemos aceptar conexiones de algunos grupos, clientes, etc, en algunos interfaces donde tengamos activado este crypto mapa y en otros no. Para ponerlo en marcha primero tenemos que crear la entrada de identidad y luego añadirla en el crypto mapa donde queramos que haga efecto.

Router(config)# crypto identity DN_policy_name: Creamos la entrada de identidad

Router(config-identity)# description descriptive_text: Podemos poner una descripción.

Router(crypto-identity)# dn name=string [,name=string...]: Con esta opción elegimos el campo del certificado que queramos comparar y lo igualamos al valor que querríamos valido
Router(crypto-identity)# fqdn hostname_or_FQDN: Otra opción es especificar el nombre identificativo del router para el que aceptaremos las conexiones.

Router(config)# crypto map map_name seq_# ipsec-isakmp: Entramos en el crypto mapa

Router(config-crypto-map)# set identity DN_policy_name: Añadimos la entrada de identidad previamente creada. Después de hacer esto el router solo aceptará conexiones por este crypto mapa que coincidan con esta identidad.

- CACCTP: En versiones de IOS antiguas el tráfico desencriptado era pasado por segunda vez por la crypto ACL que seleccionaba el tráfico. En las versiones actuales esto ya no es así, y esta opción nos permite agregar una lista de acceso que se aplicara al tráfico desencriptado.

Router(config)# crypto map map_name seq_# {ipsec-isakmp | ipsec-manual}: Entramos en el modo de configuración de un crypto mapa

Router(config-crypto-map)# set ip access-group {ACL_# | ACL_name} {in | out}: Añadimos la lista de acceso que filtrara el tráfico desencriptado.

- NAT y PAT: Como comentamos anteriormente solo el tráfico ESP puede funcionar mientras utilizamos NAT. Estos son algunas de las tecnologías que nos permiten adaptar NAT al tráfico de la VPN.

o NAT-T: Esta tecnología esta implementada de manera automática. Una vez iniciada la conexión, en la tabla de NAT se escribe una entrada con nuestra traducción de dirección IP y/o puerto. Esta entrada tiene su tiempo de caducidad y si la entrada caduca nuestra

IPsec y Redes Privadas Virtuales. Por Guillermo Marqués

-27-

conexión se corta. Para evitar esto podemos utilizar un keepalive que mantiene la entrada de manera permanente en la tabla de NAT.

Router(config)# crypto isakmp nat keepalive seconds: Activas el keepalive de NAT.

o ESP SPI Matching: Esta técnica utiliza el campo SPI de los paquetes ESP para identificarles de manera unívoca. Es decir, que sustituye el uso del puerto de la cabecera UDP por este campo y esto nos evita tener que encapsular el tráfico ESP en paquetes UDP, por lo que nuestros paquetes serán de menor tamaño, pero esta tecnología sólo esta disponible en routers Cisco. Para poder utilizarlo hay que configurar esta tecnología en el router que realiza PAT y en los routers que se comunicarán entre si.

Router(config)# ip nat service list standard_ACL_#_or_name esp spi-match: Este comando activa el uso de ESP SPI Matching en el router que realiza el NAT/PAT. La lista de acceso tiene que especificar el tráfico entre las redes que se comunican a través de la VPN.

Router(config)# crypto ipsec nat-transparency spi-matching: Este comando prepara a los routers que inician y terminan la conexión VPN para utilizar esta tecnología.

- GRE: Es el protocolo de encapsulación que usaremos para poder pasar tráfico multicast a través de nuestra VPN. Una vez creado y probado el túnel solo tenemos que hacer pasar esos paquetes GRE por la VPN.

Router(config)# interface tunnel port_#: Creamos el interface virtual del túnel

Router(config-if)# tunnel source {IP_address_on_router | interface_name_on_router}: Definimos el origen del túnel. El origen es la dirección IP de un interface de nuestro router por el cual nuestro router se comunicara con el otro.

Router(config-if)# tunnel destination {IP_address_of_dst_router | name_of_dst_router}: Aquí indicamos el final del túnel. Este será la IP del router que termina la conexión.

Router(config-if)# tunnel mode mode: El modo del túnel es GRE por defecto, pero con este comando podemos cambiar el tipo.

o Ejemplo: Vamos a mostrar un ejemplo de tráfico OSPF (multicast) a través de una VPN. Para ello usaremos el protocolo GRE y lo encapsularemos dentro de nuestro tráfico VPN. En este escenario usaremos autenticación mediante certificados de identidad emitidos por un CA, por lo tanto, en este ejemplo aparecen tres routers, dos de ellos (Lider y Lider2) inician y terminan el túnel VPN y un tercero (Lider3) hace las veces de CA.

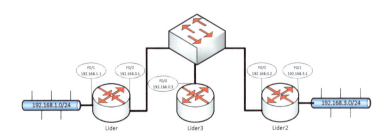

IPsec y Redes Privadas Virtuales. Por Guillermo Marqués

service password-encryption
hostname Lider
!
!
enable secret 5 1CDZC$PsVC8TEGsws1369nNKu1I1
!
!
Configuramos el dominio donde se encuentra nuestra red
ip domain name cisco-learning.es
!
!
Indicamos cual es nuestro CA, el que nos facilita los certificados
crypto pki trustpoint ca_lider3
Esta es la dirección que usa el CA para recibir peticiones de certificados mediante SCEP
 enrollment url http://192.168.0.3:80
No añadimos el número de serie de nuestro router al certificado
 serial-number none
Tampoco la IP de unos de los interfaces de nuestro router
 ip-address none
Esta es la password encriptada que usara el CA a al hora de revocar el certificado o a la hora de aceptar la petición de certificado, si es que esta configurado para ello.
 password 7 082C4D4006150A011B1D091625
En otros de los campos que nos identifican del certificado solo añadimos el nombre de nuestro router.
 subject-name cn=lider
Este comando se añade automáticamente. Significa que los certificados revocados se tratan mediante listas CRL
 revocation-check crl
Especificamos que juego de llaves RSA vamos a usar para hacer la petición de certificado.
 rsakeypair ca_lider3
!
!
Esta es la forma abreviada de mostrar los certificados que tenemos instalados. El primero es nuestro certificado de identidad y el segundo es el del CA.
crypto pki certificate chain ca_lider3
 certificate 02 nvram:ca_lider3#2.cer
 certificate ca 01 nvram:ca_lider3#1CA.cer
!
!
Configuramos una sola póliza de prioridad 1 para establecer la primera fase ISAKMP IKE
crypto isakmp policy 1
 encr aes
 hash md5
 group 2
Esto es el keepalive con DPD. Envía paquetes cada 10 segundos y espera 4 intentos para darle por muerto si no responde.
crypto isakmp keepalive 10 4
!
!
Nuestro Ttransform set. Fijaros que he especificado modo transporte. Esto es así porque en realidad el tráfico ESP solo viaja de Lider a Lider2 y viceversa ya que los paquetes encapsulados son GRE y esto es el verdadero túnel que surge a partir de desencapsular el tráfico proveniente de la VPN. Una vez retirada la capsula VPN se procesa la capsula GRE y se envía el paquete a su destinatario.

IPsec y Redes Privadas Virtuales. Por Guillermo Marqués

-29-

```
crypto ipsec transform-set lider2 esp-aes esp-md5-hmac
 mode transport
!
```
Este es el crypto mapa que usamos para establecer la VPN. Es dinámico porque en este caso usamos TED
```
crypto dynamic-map lider2_dyn 1
```
La IP de Lider2 es la siguiente
```
 set peer 192.168.0.2
```
Agregamos el Transform set
```
 set transform-set lider2
```
Esta es la lista de acceso que usamos para seleccionar el tráfico.
```
 match address 102
!
!
```
Enlazamos el mapa dinámico al estático y activamos TED
```
crypto map lider_sta 99 ipsec-isakmp dynamic lider2_dyn discover
!
!
!
```
Este es el túnel GRE que encapsularemos dentro de la VPN
```
interface Tunnel1
```
Definimos una IP. Todo el tráfico que tenga como destino la IP del otro extremo del túnel será procesado por la VPN
```
 ip address 192.0.0.1 255.255.255.0
```
Indicamos cuales son los interfaces físicos sobre los que se construye el túnel lógico. Origen y destino
```
 tunnel source 192.168.0.1
 tunnel destination 192.168.0.2
!
interface FastEthernet0/0
 ip address 192.168.0.1 255.255.255.0
```
Filtramos el tráfico que entra en este interface mediante la ACL 101. Esta ACL solo permite el tráfico necesario para que funcione la VPN. Después de esto los interfaces solo funcionaran para soportar el túnel GRE
```
 ip access-group 101 in
```
Activamos el mapa
```
 crypto map lider_sta
!
interface FastEthernet0/1
 ip address 192.168.1.1 255.255.255.0!
!
```
Activamos un proceso OSPF y lo hacemos funcionar por el túnel y por nuestro otro interface físico.
```
router ospf 1
 router-id 0.0.0.1
 network 192.0.0.0 0.0.0.255 area 1
 network 192.168.1.0 0.0.0.255 area 1
!
!
```
Esta es la lista de acceso que encapsula el GRE dentro de la VPN. Todo el tráfico GRE que pase entre Lider y Lider2 será seleccionado. El resto no
```
access-list 102 permit gre host 192.168.0.1 host 192.168.0.2
```
Esta ACL permite solo el tráfico necesario para que funcione la VPN. Primero permite el puerto 500 UDP para que se inicie la fase 1, permite el tráfico ESP entre los dos routers y por último permite la comunicación con el CA Lider3. El resto del tráfico esta prohibido.
```
access-list 101 permit udp host 192.168.0.2 host 192.168.0.1 eq isakmp
```

IPsec y Redes Privadas Virtuales. Por Guillermo Marqués

```
access-list 101 permit esp host 192.168.0.2 host 192.168.0.1
access-list 101 permit ip host 192.168.0.3 host 192.168.0.1
access-list 101 deny   ip any any

end
```

Router Lider2

```
hostname Lider2
!
ip domain name cisco-learning.es
!
!
crypto pki trustpoint ca_lider3
 enrollment url http://192.168.0.3:80
 serial-number none
 ip-address none
 password 7 09414F0716091804021A013824
 subject-name cn=lider2
 revocation-check crl
 rsakeypair ca_lider3
!
!
crypto pki certificate chain ca_lider3
 certificate 04 nvram:ca_lider3#3304.cer
 certificate ca 01 nvram:ca_lider3#3301CA.cer
!
!
!
crypto isakmp policy 1
 encr aes
 hash md5
 group 2
!
!
crypto ipsec transform-set lider esp-aes esp-md5-hmac
 mode transport
!
crypto dynamic-map dyn_lider 1
 set transform-set lider
 match address 102
!
!
crypto map lider 99 ipsec-isakmp dynamic dyn_lider discover
!
!
```
En este lado del túnel el origen es Lider 2 y el destino Lider. También tiene una IP diferente
```
interface Tunnel1
 ip address 192.0.0.2 255.255.255.0
 ip virtual-reassembly
 tunnel source 192.168.0.2
 tunnel destination 192.168.0.1
!
interface FastEthernet0/0
 ip address 192.168.0.2 255.255.255.0
```

IPsec y Redes Privadas Virtuales. Por Guillermo Marqués

```
ip access-group 101 in
ip virtual-reassembly
duplex auto
speed auto
no cdp enable
crypto map lider
!
interface FastEthernet0/1
ip address 192.168.3.1 255.255.255.0
ip nat inside
ip virtual-reassembly
duplex auto
speed auto
no cdp enable
!
!
router ospf 2
router-id 0.0.0.2
network 192.0.0.0 0.0.0.255 area 1
network 192.168.3.0 0.0.0.255 area 1
!
ip classless
no ip http server
no ip http secure-server
!
```

La ACL 101 permite el tráfico necesario para que funcione la VPN. Fijaros que el orden es inverso que en el router Lider, el origen de Lider es el destino de Lider2 y viceversa.

```
access-list 101 permit udp host 192.168.0.1 host 192.168.0.2 eq isakmp
access-list 101 permit esp host 192.168.0.1 host 192.168.0.2
access-list 101 permit ip host 192.168.0.3 host 192.168.0.2
access-list 101 deny   ip any any
access-list 102 permit gre host 192.168.0.2 host 192.168.0.1

end
```

Router Lider3

```
hostname Lider3
!
no aaa new-model
!
```

Configuramos el servidor CA
```
crypto pki server ca_lider3
```
La base de datos guarda cada certificado de identidad que genera
```
database level complete
```
Al iniciar el servidor crea una copia de seguridad de su certificado y claves RSA en formato PEM
```
database archive pem
```
Ponemos el nombre del emisor de certificados
```
issuer-name cn=lider3
```
Indicamos donde se aloja la base de datos
```
database url flash:/certificados/
```
Solo el usuario guiller puede manejar la base de datos
```
database username guiller
```

IPsec y Redes Privadas Virtuales. Por Guillermo Marqués

-32-

```
!
```

Esto nos hace referencia a nosotros mismos como servidor CA. Esta parte se crea automáticamente
```
crypto pki trustpoint ca_lider3
 revocation-check crl
 rsakeypair ca_lider3
!
!
```

El certificado de nuestro router
```
crypto pki certificate chain ca_lider3
 certificate ca 01
  308201FB 30820164 A0030201 02020101 300D0609 2A864886 F70D0101 04050030
  11310F30 0D060355 04031306 6C696465 7233301E 170D3131 30313231 31373434
  30355A17 0D313430 31323031 37343430 355A3011 310F300D 06035504 0313066C
  69646572 3330819F 300D0609 2A864886 F70D0101 01050003 818D0030 81890281
  8100E240 074F9DA2 EAA3970C 33E457A4 1CC7FEC2 F9AAE6AC DF70D337
FAA344B7
  58CE57EF 96AA0963 FDAA2C82 C00C14DD 6B9DA691 B5EE64E5 E7D9A04B
1CF3AB0B
  BE61E998 07B80D44 29F79A36 D32F62E1 94474870 3543E567 6D111F9D 82CD234D
  77C5AEB1 C2639623 C0703C20 85973C5E 0064CA3C 43F4404B 8F71D4F4
4D1D3521
  ECCD0203 010001A3 63306130 0F060355 1D130101 FF040530 030101FF 300E0603
  551D0F01 01FF0404 03020186 301F0603 551D2304 18301680 144DE088 B74FE604
  DFC8271A 2C28CB58 76CB4A31 86301D06 03551D0E 04160414 4DE088B7
4FE604DF
  C8271A2C 28CB5876 CB4A3186 300D0609 2A864886 F70D0101 04050003 81810036
  96750CD8 A4747945 848AB63B 87003D6D 54E8F5F1 A90DB94C 17B1D69E
D1EE71E3
  C3F31359 B6F3D56E 80444930 4F7BC1E3 F962F3B9 571DF07B 2799349E 9AEB2670
  FA56617B F13DC546 5D67D6B5 FB2FE3AE 84CFB5D1 1A605644 1F6E3627
B89ACAEA
  52E515A6 3A805EAE C6E5A444 0DB09776 D4E89FA5 C11C1895 E80771A0 F31041
      quit
!
!
ip domain name cisco-learning.es
!
!
!
username guiller privilege 15 password 0 0DB09776 D4E89FA5
!
!
!
!
!
!
interface FastEthernet0
 ip address 192.168.0.3 255.255.255.0
 duplex auto
 speed auto
!
!
```

Tenemos que activar el servidor http ya que es necesario para que funcione el protocolo SCEP
```
ip http server
```

IPsec y Redes Privadas Virtuales. Por Guillermo Marqués

-33-

!
End

En este ejemplo hemos simulado el tráfico multicast a través de una VPN. Ahora todo el tráfico que tenga que ir de Lider a Lider2 necesita ir por el túnel. Por este túnel también circulan los paquetes del protocolo de enrutamiento OSPF lo que quiere decir que las dos redes estarían al tanto de los cambios en las rutas de la otra red.

- Redundancia con HSRP y RRI: Con la unión de estos dos elementos podemos conseguir redundancia a nivel de chasis. Esto quiere decir que si nos falla un router habrá otro que le sustituya, pero todas las conexiones que tenía activas en el momento del fallo se caerán y tendrán que volver a rehacerse en el router que le sustituye.

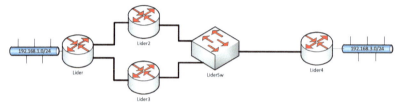

Lo que conseguimos con HSRP es crear una dirección IP virtual que es soportada por dos routers. Estos routers están en comunicación de manera que saben cuando uno de los dos esta activo o no. Mientras los dos están activos, el router de más alta prioridad será el que responda a las peticiones recibidas por la IP virtual. En el momento en el que este router falle el otro router detectara su caída y tomara el puesto que ocupaba el router anterior. En este ejemplo los routers Lider2 y Lider3 tienen configurados el mismo crypto mapa dinámico. El router Lider4 inicia una sesión sobre la IP virtual que comparten Lider2 y Lider3. El router Lider necesita saber cual es la ruta para poder llegar a la red que esta detrás de Lider4 y para eso necesitamos usar RRI (reverse route inyection).

RRI en una característica que podemos configurar en nuestros mapas dinámicos. Con ello conseguimos que el router que inicia la sesión envíe al router que la termina la ruta de llegada a la red o redes que tiene detrás. El router que recibe las rutas, en este caso Lider2 o Lider3, incluirán esta ruta en su tabla de enrutamiento como una ruta estática. Posteriormente, usando un protocolo de enrutamiento, podemos repartir esta ruta estática para que el router Lider pueda saber el camino que ha de seguir para llegar a esa red.

Router(config)# crypto dynamic dynamic_map_name seq_#: Creamos el mapa dinámico
Router(config-crypto-m)# set transform-set transform_name
Router(config-crypto-m)# reverse-route: Este comando es el que activa RRI

Router(config)# interface type [slot_#/]port_#: Entramos en el modo de configuración de un interface físico de nuestro router
Router(config-if)# standby name HSRP_group_name: Ponemos nombre al grupo al que pertenecen los routers
Router(config-if)# standby ip virtual_IP_address: Ponemos la IP virtual que será soportada por los dos routers
Router(config-if)# standby timers hello_seconds dead_seconds: Defines el intervalo de envío de paquetes hello entre los routers
Router(config-if)# standby track interface_name: Con esto conseguimos que el router vigile el estado de uno de sus interfaces. Si este interface falla, el router se pone en modo standby automáticamente.
Router(config-if)# standby preempt: Con esto indicamos al router que será el que tomará el rol de principal incluso si ya hay otro funcionando en el momento en el que este entre en funcionamiento.

IPsec y Redes Privadas Virtuales. Por Guillermo Marqués

-34-

Router(config-if)# crypto map static_map_name redundancy [HSRP_group_name]: Incluimos el crypto mapa en el grupo HSRP.

Router# router ospf 1
Router(config-router)# redistribute static subnets: Con este comando hacemos que OSPF redistribuya las redes estáticas configuradas en nuestro router.

Cuando configuremos HSRP y Spanning Tree tenemos que tener cuidado porque puede producir conflictos y malfuncionamiento. Para evitar eso podemos configurar los puertos sobre los que funciona HSRP con spanning tree portfast.

- Conexiones de acceso remoto con Easy VPN Server

A pesar de que Cisco tiene otros productos más adecuados para cumplir esta función (concentradores Cisco VPN 3000), sus routers pueden desempeñarla si tienen la IOS adecuada. Un servidor VPN es el encargado de recibir las llamadas de clientes, ya sean hardware o software, y establecer una sesión VPN con ellos.

Para iniciar en un router cisco un servidor VPN (Cisco Easy Vpn Server) hay que realizar los siguientes pasos:

1. Configurar las pólizas ISAKMP

2. Configurar el Transform set: Easy VPN Server solo soporta ESP en modo túnel.

3. Configurar el crypto mapa dinámico: Utilizamos un mapa dinámico porque los clientes pueden conectarse desde localidades diferentes cada vez y por lo tanto no sabemos que dirección IP tienen. En la configuración de este mapa solo necesitamos incluir el Transform set que vamos a usar. Si nuestra red consta de más de un router y queremos que el cliente tenga acceso a recursos que están mas allá del alcance del router que hace de servidor, tenemos que activar RRI en el mapa. Posteriormente este mapa dinámico ha de ser enlazado con un mapa estático que activaremos en el interface por el que el router recibirá las llamadas.

4. Activar AAA: El servidor utiliza AAA para el control de acceso de usuarios y·su autorización a la red. AAA es un protocolo que nos permite controlar quienes y a que recursos acceden de nuestra red.

    Router(config)# aaa new-model: Activamos AAA

    Router(config)# aaa authentication login authentication_list_name method1 [method2...]: Creamos la lista de autenticación de usuarios. Podemos utilizar dos métodos. Uno es Local, creando los usuarios en nuestra base de datos local del router, la otra es usando un servidor RADIUS. Esto a fin de cuentas lo que hace es indicar a AAA donde puede encontrar la base de datos de usuraos para que puedan loguearse.

    Router(config)# aaa authorization network authorization_list_name method1 [method2...]: Creamos la lista de autorización. El proceso es similar al anterior. Nosotros elegiremos modo local ya que no disponemos de un servidor RADIUS. Creando esta lista indicamos a AAA que usuarios tienen autorización para acceder a la red.

5. Crear los usuarios: Las conexiones de acceso remoto dan una serie de pasos más antes de terminar la fase 1 de ISAKMP e iniciar la fase 2. Entre estos está la autenticación de usuarios mediante XAUTH.

IPsec y Redes Privadas Virtuales. Por Guillermo Marqués

-35-

Para ello necesitamos crear los usuarios en la base de datos local del router o en un servidor RADIUS.

Router(config)# username user's_name {password| secret} password: Creas un usuario.

6. Crear las POOL para los usuarios: Los usuarios cuando se conectan obtienen una dirección IP en un interface software. Esta IP proviene de unas POOL que tenemos que crear.

Router(config)# ip local pool pool_name [first IP last IP]: Creas una POOL de IP´s indicando la primera IP y la última.

7. Creas los grupos de usuarios: Otro paso que realizan las conexiones de acceso remoto es cargar una serie de directivas que tendrá cada grupo de usuarios. Los grupos no están unidos a unos usuarios específicos, mas bien están unidos a una serie de características especiales. Cualquier usuario puede loguearse en un grupo u otro si se sabe la password de este o si tiene su certificado específico. Por supuesto, además necesitaría tener creada una entrada en la base de datos de usuarios. Podriamos decir que la autenticación de grupos equivale a la autenticación entre dispositivos en las conexiones L2L, además en las conexiones de acceso remoto también tenemos una autenticación a nivel de usuario.

Router(config)# crypto isamkp client configuration group {group_name | default}: Creamos un grupo

Router(config-isakmp-group)# key pre_shared_key: Configuramos la password para el grupo. Si no especificamos ninguna se usaran certificados de identidad.

Router(config-isakmp-group)# pool pool_name: Indicamos cual va a ser la POOL de IP´s de donde el usuario obtendrá la suya.

Router(config-isakmp-group)# domain domain_name: Configuramos el dominio al que pertenecerá el usuario que se conecte en este grupo.

Router(config-isakmp-group)# dns 1st_DNS_server [2nd_DNS_server]: Configuramos los DNS que obtendrá el usuario.

Router(config-isakmp-group)# split-dns domain_name: Nos permite dividir las peticiones a los DNS. De esta manera usara los DNS que especificamos en el comando dns para resolver los dominios que le indiquemos en este comando.

Router(config-isakmp-group)# include-local-lan: Nos permite acceder a la red LAN donde esta conectado el usuario. Esto evita que todo el tráfico del cliente pase a través del túnel. A esto lo llamamos Split-Tunneling.

Router(config-isakmp-group)# acl ACL_name_or_#: Nos permite hacer un Split-Tunneling más detallado pudiendo indicar una lista de acceso que regirá que información será enviada por la VPN y cual no. Cuando configuremos la ACL tenemos que tener en cuenta que esta vista desde el punto de vista del router, y por lo tanto, el origen de la ACL representa el rango de IP´s a las que accedemos a través de la VPN.

Router(config-isakmp-group)# backup-gateway {IP_address | hostname}: Indicamos un servidor VPN alternativo.

Router(config-isakmp-group)# save-password: A pesar de que puede comprometer la seguridad de la red, este comando permite al software del usuario que guarde la password si el usuario quiere.

IPsec y Redes Privadas Virtuales. Por Guillermo Marqués

-36-

Router(config-isakmp-group)# pfs: Así activaríamos Perfect Forward Secrecy. Como explique con anterioridad, esto consistía en usar DH para refrescar una conexión VPN cuando la sesión de control iba a caducar.

Router(config-isakmp-group)# max-logins #_of_simultaneous_logins: Te permite limitar el número máximos de logins que permite el servidor.

Router(config-isakmp-group)# max-users #_of_users: Te permite limitar el número máximo de usuarios de un grupo que se pueden conectar a la vez.

Router(config-isakmp-group)# access-restrict interface_name: Te permite restringir las conexiones de un grupo a un solo interface. Esto solo es viable si tenemos activo el crypto mapa en más de un interface.

Router(config-isakmp-group)# group-lock: Nos permite un poco mas de seguridad a la hora de autenticarse los usuarios. Con esto hacemos que el usuario a la hora de iniciar la sesión tenga que introducir su nombre de usuario, de grupo y su password. Estos han de tener el formato usuario@grupo o usuario/grupo.

8. Enlazar el mapa estático con AAA y prepararle para que reciba llamadas.

Router(config)# crypto map static_map_name isakmp authorization list authorization_list_name: Enlazamos el mapa con la lista de autorización AAA.

Router(config)# crypto map static_map_name client authentication list authentication_list_name: Enlazamos el mapa con la lista de autenticación AAA.

Router(config)# crypto map static_map_name client configuration address [initiate | respond]: Configuraremos el parámetro respond para que sea el router el que esté a la espera de llamadas de los clientes.

Router(config)# crypto isakmp xauth timeout seconds: Podemos marcar cual es el tiempo máximo que tiene un usuario para introducir su password de usuario.

o Ejemplo: Configuraremos un router para que haga de servidor VPN. Usaremos claves compartidas y dos grupos para los usuarios.

Activamos AAA
Router(config)# aaa new-model
Indicamos a AAA donde encuentra la lista de usuarios para loguearles. Usa la base de datos local
Router(config)# aaa authentication login vpnclient local
Indicamos a AAA donde encuentra la lista de usuarios para darles autorización para acceder a la red. Usa la base de datos local
Router(config)# aaa authorization network localgroups local
Creamos los usuarios
Router(config)# username rdeal secret rdeal123
Router(config)# username nillarionova secret nilla123

IPsec y Redes Privadas Virtuales. Por Guillermo Marqués

-37-

Router(config)# username smarcinek secret smarc123
Router(config)# username edeal secret edeal123

Creamos la póliza ISAKMP
Router(config)# crypto isakmp policy 10
Router(config-isakmp)# encryption aes 128
Router(config-isakmp)# hash sha
Router(config-isakmp)# authentication pre-share
Router(config-isakmp)# group 2
Router(config-isakmp)# exit
Configuramos un Keepalive
Router(config)# crypto isakmp keepalive 20 3

Configuramos las Pool de IP's que usaran los grupos de usuarios.
Router(config)# ip local pool enginepool 192.168.3.200 192.168.3.219
Router(config)# ip local pool adminpool 192.168.3.220 192.168.3.239

Esta es la ACL que usaremos para hacer Split-Tunneling. Cuando el usuario quiera acceder a la red 192.168.1.0 24 el tráfico pasará por la VPN. El resto no
Router(config)# ip access-list 101 permit ip 192.168.1.0 0.0.0.255 any

Creamos el grupo" ingenieros"
Router(config)# crypto isakmp client configuration group engineering
Como usamos claves compartidas, configuramos la clave que se necesita para acceder a este grupo
Router(config-isakmp-group)# key engine123
Le asignamos un pool de IP's
Router(config-isakmp-group)# pool enginepool
Indicamos a que dominio pertenecerá el usuario que use este grupo
Router(config-isakmp-group)# domain cisco.com
Indicamos que dns usará el usuario
Router(config-isakmp-group)# dns 192.168.0.10 192.168.0.11
Solo permitimos a un usuario conectado a la vez en este grupo.
Router(config-isakmp-group)# max-logins 1

Los usuarios pueden acceder a toda la red local desde donde se conectan sin usar la VPN.
Router(config-isakmp-group)# include-local-lan
Router(config-isakmp-group)# exit

Grupo "Admin"
Router(config)# crypto isakmp client configuration group admin
Router(config-isakmp-group)# key admin123
Router(config-isakmp-group)# pool adminpool
Router(config-isakmp-group)# domain cisco.com
Router(config-isakmp-group)# dns 192.168.0.10 192.168.0.11
Cuando los usuarios pregunten por la IP del dominio cisco.com usaran las dns indicadas mas arriba.
Router(config-isakmp-group)# split-dns cisco.com
Indicamos que lista de acceso rige el Split-Tunneling
Router(config-isakmp-group)# acl 101
Router(config-isakmp-group)# max-logins 1
Router(config-isakmp-group)# exit

Configuramos el transform set
Router(config)# crypto ipsec transform-set clienttransform esp-aes esp-sha-hmac
Router(cfg-crypto-tran)# exit

IPsec y Redes Privadas Virtuales. Por Guillermo Marqués

Creamos el mapa dinámico
Router(config)# crypto dynamic-map dynmap 10
Router(config-crypto-m)# set transform-set clienttransform
Router(config-crypto-m)# exit

Enlazamos el mapa dinámico con el estático
Router(config)# crypto map mymap 1000 ipsec-isakmp dynamic dynmap

Enlazamos el mapa estático con las listas AAA
Router(config)# crypto map mymap client authentication list vpnclient
Router(config)# crypto map mymap isakmp authorization list localgroups
Configuramos el mapa para recibir llamadas
Router(config)# crypto map mymap client configuration address respond

Router(config)# interface Ethernet0/0
Router(config-if)# description Local LAN
Router(config-if)# ip address 192.168.1.1 255.255.255.0
Router(config-if)# exit
Router(config)# interface Ethernet0/1
Router(config-if)# description Internet Connection
Router(config-if)# ip address 192.1.1.1 255.255.255.0
Activamos el mapa
Router(config-if)# crypto map mymap

Después de configurar un router de esta manera estará listo para terminar conexiones iniciadas desde un cliente hardware o un cliente software como el Cisco Vpn Client.

En el ejemplo anterior hemos configurado el servidor usando el modo de configuración general. Este quiere decir que todas las conexiones VPN tendrían que usar las mismas características ISAKMP. Para que puedan convivir más de un tipo de conexiones en el mismo router (Acceso remoto y L2L) tenemos que utilizar perfiles ISAKMP. Estas son las características que podemos configurar en nuestro perfil para conexiones L2L:

Router(config)# crypto isakmp profile ISAKMP_profile_name: Creamos un perfil
Router(conf-isa-prof)# description description: Podemos añadir una descripción
Router(conf-isa-prof)# match identity address IP_address: Para que el perfil entre en funcionamiento la conexión tiene que tener algo que la identifique y por lo cual podamos casarla con su perfil. Hay varias opciones y este comando identifica la conexión por su dirección IP. Cuando inicie sesión alguien con la IP especificada se usara este perfil.
Router(conf-isa-prof)# match identity host FQDN domain_name: Identificamos la conexión por el nombre del equipo que la inicia
Router(conf-isa-prof)# self-identity {address | fqdn}: Indicamos como nos identificamos nosotros. Por nuestra IP o nuestro nombre
Router(conf-isa-prof)# keyring keyring_name: Un keyring es un grupo de claves compartidas que tenemos que crear. Esta es la manera de indicar cual va a ser la clave compartida que vamos a usar para autenticarnos
Router(conf-isa-prof)# keepalive seconds: Configuramos el keepalive ISAKMP/IKE

Y estas son las que pueden usar las conexiones de acceso remoto:

Router(conf)# crypto isakmp profile ISAKMP_profile_name: Creamos el perfil
Router(conf-isa-prof)# description description
Router(conf-isa-prof)# match identity group group_name: Identificamos la conexión por el grupo elegido para iniciar la sesión
Router(conf-isa-prof)# match identity host FQDN domain_name

IPsec y Redes Privadas Virtuales. Por Guillermo Marqués

Router(conf-isa-prof)# match identity host domain FQDN
Router(conf-isa-prof)# match certificate [mapa de certificado]: Cuando usamos certificados necesitamos identificar la conexión por un cámpo o campos del certificado. Para ello creamos un mapa de certificado y lo agregamos en esta sección.
Router(conf-isa-prof)# self-identity {address | fqdn}
Router(conf-isa-prof)# client authentication list AAA_authentication_list_name: Indicamos cual es la lista de autenticación de usuarios
Router(conf-isa-prof)# isakmp authorization list group_name: Indicamos cual es la lista de autorización de acceso a la red
Router(conf-isa-prof)# client configuration address {respond | initiate}: Configuramos el router para que se mantenga a la espera de llamadas de clientes con la opción respond
Router(conf-isa-prof)# keepalive seconds

Router(config)#crypto isakmp identity dn: Cuando usamos certificados de identidad con las conexiones de acceso remoto es necesario incluir este comando en la configuración para que el router se identifique mediante el nombre que aparece en el certificado.

Router(config)#crypto pki certificate map remoto_map #_of_seq: De esta manera creamos el mapa de certificado que necesitamos para poder identificar nuestras conexiones que usan certificados con los perfiles ISAKMP.
Router (confi-cer-map)#subject-name co cn = valor: Aquí elegimos un campo del certificado (en este caso cn, que es el nombre del dispositivo) y mediante un operador (en este caso co que significa contiene) lo comparamos con un valor. Este valor podría ser por ejemplo, el nombre del dispositivo al que queremos identificar.

      o   Ejemplo: Vamos a mostrar un ejemplo avanzado de un escenario en el que tenemos tres routers y un switch. Un router soportará una conexión de acceso remoto con clientes software usando certificados de identidad y claves compartidas de grupos. Además mantendrá una conexión L2L con otro router usando un túnel GRE que circula a través de una VPN. La identificación de estos dos routers también se lleva a cabo mediante certificados de identidad. El router que hace de servidor VPN forma parte de un grupo de redundancia HSRP, además este router no tiene acceso directo a Internet sino que los clientes acceden a él mediante otro router que si lo tiene.

IPsec y Redes Privadas Virtuales. Por Guillermo Marqués

-40-

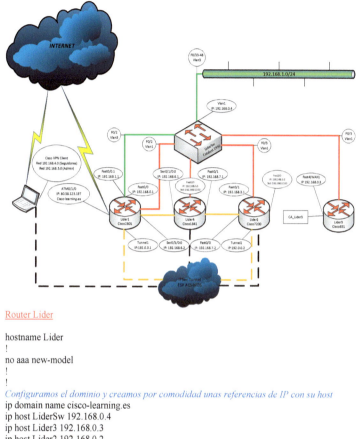

<u>Router Lider</u>

hostname Lider
!
no aaa new-model
!
!
Configuramos el dominio y creamos por comodidad unas referencias de IP con su host
ip domain name cisco-learning.es
ip host LiderSw 192.168.0.4
ip host Lider3 192.168.0.3
ip host Lider2 192.168.0.2
ip host Lider4 192.168.0.5
!
crypto pki token default removal timeout 0
!
Configuramos nuestro punto de confianza (CA) y posteriormente le autenticamos y nos enrolamos en él
crypto pki trustpoint ca_lider3
 enrollment url http://192.168.0.3:80
 serial-number
 fqdn lider.cisco-learning.es
 ip-address 192.168.0.1
 password 7 07022042410516131E040E1E0B
 subject-name cn=lider dn=cisco-learning.es o=ncr ou=cuartito c=spain st=madrid
 revocation-check crl
 rsakeypair ca_lider3
!
!

IPsec y Redes Privadas Virtuales. Por Guillermo Marqués

-41-

Este es nuestro certificado y más abajo el del CA. Fijaros en el número que aparece después de la palabra certificate, Ese es el número de serie del certificado.

crypto pki certificate chain ca_lider3
```
 certificate 05
  30820276 308201DF A0030201 02020105 300D0609 2A864886 F70D0101 04050030
  11310F30 0D060355 04031306 6C696465 7233301E 170D3131 30313231 31393133
  30395A17 0D313230 31323131 39313330 395A3081 9F314730 45060355 0403133E
  6C696465 7220646E 3D636973 636F2D6C 6561726E 696E672E 6573206F 3D6E6372
  206F753D 63756172 7469746F 20633D73 7061696E 2073743D 6D616472 69643154
  30120603 55040513 0B465458 31303332 57303339 30180609 2A864886 F70D0109
  08130B31 39322E31 36382E30 2E313024 06092A86 4886F70D 01090216 176C6964
  65722E63 6973636F 2D6C6561 726E696E 672E6573 30819F30 0D06092A 864886F7
  0D010101 05000381 8D003081 89028181 00AB3433 6CFF2E38 B1C158E9 89EEAC69
  AB39B872 64FE4230 88F30028 C24611E2 09119F40 F11CBE47 691E7284 69891D15
  D0B8C25A BCD6D997 8E723016 778FB802 026E1D01 68458DF8 F078FC14
  D2801EA0
  D93882BE 4A924423 402D50B0 99DEB2CD 048F92F6 C73CDDFA D0760F51
  FD0C4DEB
  2196D56F A1181D02 7DDAA54E B5828B86 13020301 0001A34F 304D300B
  0603551D
  0F040403 0205A030 1F060355 1D230418 30168014 4DE088B7 4FE604DF C8271A2C
  28CB5876 CB4A3186 301D0603 551D0E04 1604143E 373DE9C8 E2C73995 DA380196
  C31908A5 21688030 0D06092A 864886F7 0D010104 05000381 81004B24 2B08C832
  10C93352 86B39C05 F27B18FD FF6D4421 F96D2C71 9169EC54 9AF3EC18
  43DA93B8
  ED3D8F4A A75A2C31 57FFD9D7 146BF46C 11B416A9 0562ECF2 B1CAB885
  AFACE153
  E76BE6E4 3AD26085 DED9FB51 8A158258 4C1BAC92 3DF294FF 6B76C7A9
  3783E263
  6C2AD1FA 035F3E7B 83E74F2E 7B5FEEDD 926B26BA B69B2A3F 6DEE
   quit
 certificate ca 01
  308201FB 30820164 A0030201 02020101 300D0609 2A864886 F70D0101 04050030
  11310F30 0D060355 04031306 6C696465 7233301E 170D3131 30313231 31373434
  30355A17 0D313430 31323031 37343430 355A3011 310F300D 06035504 0313066C
  69646572 3330819F 300D0609 2A864886 F70D0101 01050003 818D0030 81890281
  8100E240 074F9DA2 EAA3970C 33E457A4 1CC7FEC2 F9AAE6AC DF70D337
  FAA344B7
  58CE57EF 96AA0963 FDAA2C82 C00C14DD 6B9DA691 B5EE64E5 E7D9A04B
  1CF3AB0B
  BE61E998 07B80D44 29F79A36 D32F62E1 94474870 3543E567 6D111F9D 82CD234D
  77C5AEB1 C2639623 C0703C20 85973C5E 0064CA3C 43F4404B 8F71D4F4
  4D1D3521
  ECCD0203 010001A3 63306130 0F060355 1D130101 FF040530 030101FF 300E0603
  551D0F01 01FF0404 03020186 301F0603 551D2304 18301680 144DE088 B74FE604
  DFC8271A 2C28CB58 76CB4A31 86301D06 03551D0E 04160414 4DE088B7
  4FE604DF
  C8271A2C 28CB5876 CB4A3186 300D0609 2A864886 F70D0101 04050003 81810036
  96750CD8 A4747945 848AB63B 87003D6D 54E8F5F1 A90DB94C 17B1D69E
  D1EE71E3
  C3F31359 B6F3D56E 80444930 4F7BC1E3 F962F3B9 571DF07B 2799349E 9AEB2670
  FA56617B F13DC546 5D67D6B5 FB2FE3AE 84CFB5D1 1A605644 1F6E3627
  B89ACAEA
  52E515A6 3A805EAE C6E5A444 0DB09776 D4E89FA5 C11C1895 E80771A0 F31041
   quit
 !
```

IPsec y Redes Privadas Virtuales. Por Guillermo Marqués

-42-

!
Creamos un usuario para loguearnos en el router y poder controlarle. Es necesario ya que el control de este router se hace mediante SSH
username guiller privilege 15 password 7 07022042410516131E040E1E0B
!
!
El enlace con el router Lider4 se realiza mediante una tarjeta E1. De esta manera la configuramos como un puerto serial
controller E1 0/3/0
 channel-group 0 timeslots 1-31
!
Activamos la versión 2 de SSH
ip ssh version 2
!
!
Creamos la póliza ISAKMP. Solo es necesaria una porque todas nuestras conexiones utilizan las mismas características.
crypto isakmp policy 1
 encr aes
 hash md5
 group 2
Configuramos keepalive con PDP
crypto isakmp keepalive 10 4
!
!
Este es el transform set que usamos en la conexión con Lider2. Utilizamos modo transporte porque vamos a encapsular paquetes GRE que de por si ya forman un túnel entre los dos routers
crypto ipsec transform-set lider2 esp-aes esp-md5-hmac
 mode transport
!
Este es el mapa que crea la conexión VPN entre Lider y Lider2. En la ilustración está representada por una línea punteada amarilla. Utilizamos un mapa estático porque la conexión siempre se realiza con Lider2 y su IP siempre es la misma.
crypto map lider2_loc 10 ipsec-isakmp
 description Conexión estática con Lider2
 set peer 192.168.7.2
 set transform-set lider2
 match address 102
!
!
Configuramos el túnel GRE
interface Tunnel1
 ip address 192.0.0.1 255.255.255.0
 tunnel source 192.168.6.2
 tunnel destination 192.168.7.2
!
Este enlace está representado por una línea roja continua
interface FastEthernet0/0
 ip address 192.168.0.1 255.255.255.0
 ip nat inside
 ip virtual-reassembly in
 duplex auto
 speed auto
 no cdp enable
 hold-queue 100 out

IPsec y Redes Privadas Virtuales. Por Guillermo Marqués

-43-

!
Este router tiene un interface virtual que usamos para enrutar el tráfico entre las VLAN1 y 3. En la VLAN1 (192.168.0.0) se encuentran todos los routers conectados a través del switch. En la 3 los equipos de la red 192.168.3.0. Este enlace esta representado por una línea verde continua.
interface FastEthernet0/0.1
 encapsulation dot1Q 3
 ip address 192.168.1.1 255.255.255.0
Este interface pertenece a la parte de NAT que esta dentro de la red. Usamos NAT para poder dar acceso a Internet a los clientes de la red 192.168.1.0 24. Es necesario hacer NAT overload porque solo disponemos de una IP pública
 ip nat inside
 ip virtual-reassembly in
 no cdp enable
!
interface FastEthernet0/1
 no ip address
 shutdown
 duplex auto
 speed auto
 hold-queue 100 out
!
Configuramos el interface ATM, que es el que usamos para salir al exterior de la red (Internet)
interface ATM0/1/0
 no ip address
 ip access-group 107 in
 no ip route-cache cef
 no ip route-cache
 no atm auto-configuration
 no atm ilmi-keepalive
 no atm address-registration
 no atm ilmi-enable
 hold-queue 208 in
!
interface ATM0/1/0.1 point-to-point
 ip address 81.38.125.197 255.255.254.0
 ip access-group 107 in
 ip nat outside
 ip virtual-reassembly in
 no ip route-cache
 pvc 8/32
  encapsulation aal5snap
 !
!
Configuramos el interface serial por el que nos comunicamos con Lider4. Este router es el DCE. Sobre este enlace esta montado el túnel VPN GRE. Este enlace esta representado en el gráfico por una línea continua amarilla
interface Serial0/3/0:0
 bandwidth 4000
 ip address 192.168.6.2 255.255.255.0
 ip access-group 103 in
 ip nat inside
 ip virtual-reassembly in
 crypto map lider2_loc
 hold-queue 100 out

IPsec y Redes Privadas Virtuales. Por Guillermo Marqués

-44-

!
Configuramos OSPF. Usaremos OSPF también para poder publicar la IP del cliente remoto que se conecte a la red mediante Lider2. De esta manera podrá tener alcance a toda la red.
router ospf 1
 router-id 0.0.0.1
 network 192.0.0.0 0.0.0.255 area 1
 network 192.168.0.0 0.0.0.255 area 1
 network 192.168.1.0 0.0.0.255 area 1
!
Ip route 192.168.7.0 255.255.255.0 192.168.6.1
!
Esta ruta estática la necesitamos para que el router Lider sepa alcanzar el interface de Lider2 con el cual establece el túnel VPN.
ip forward-protocol nd
!
!
no ip http server
no ip http secure-server
Configuramos NAT overload para que los usuarios puedan acceder a Internet
ip nat inside source list 10 interface ATM0/1/0.1 overload
Esta entrada de la tabla de NAT la usamos para poder acceder al control del router a través de Internet. Es necesaria porque nuestro ISP tiene el tráfico del puerto TCP 22 cortado por seguridad. Este es el puerto que usa SSH. Para poder iniciar sesión configuramos nuestro software ssh para que use el puerto 7777, que esta abierto, y el router lo cambia por el 22, de esta manera sí podemos acceder a nuestro router.
ip nat inside source static tcp 80.38.125.197 22 interface ATM0/1/0.1 7777
Creamos unas entradas estáticas en la tabla de NAT para dirigir el tráfico ISAKMP y el NAT-T hacia la IP de redundancia que soportan los router Lider2 y Lider4. Esto lo hacemos para que los clientes que se conecten con la VPN de acceso remoto a través de Internet puedan llegar hasta esos dos routers que son los encargados de dicha tarea. Recordad que el trafico ISAKMP era UDP con puerto destino 500 y el NAT-T UDP con puerto destino 4500
ip nat inside source static udp 192.168.0.100 500 interface ATM0/1/0.1 500
ip nat inside source static udp 192.168.0.100 4500 interface ATM0/1/0.1 4500
Creamos una ruta estática por defecto hacia Internet. Necesario para que nuestros clientes puedan navegar.
ip route 0.0.0.0 0.0.0.0 ATM0/1/0.1
!
Esta ACL selecciona el tráfico que puede salir hacia Internet a través del NAT.
access-list 10 permit any
Esta es la crypto ACL que selecciona el tráfico que pasa por el túnel VPN. El único tráfico seleccionado es el GRE entre Lider y Lider2
access-list 102 permit gre host 192.168.6.2 host 192.168.7.2
Con esta ACL solo permitimos el tráfico VPN por el interface que se conecta con Lider4.
access-list 103 permit udp host 192.168.7.2 host 192.168.6.2 eq isakmp
access-list 103 permit esp host 192.168.7.2 host 192.168.6.2
Desactivamos CDP
no cdp run

!
!
Solo nos podemos conectar en remoto usando SSH
line vty 0 4
 exec-timeout 60 0
 logging synchronous

IPsec y Redes Privadas Virtuales. Por Guillermo Marqués

-45-

```
 login local
 transport input ssh
 !
end
```

Router Lider2

```
hostname Lider2
!
```
La IOS la almacenamos en la PCMCIA del Slot1
```
boot-start-marker
boot system flash disk1:/c7200-jk9o3s-mz.124-25d.bin
boot-end-marker
!
```
Activamos AAA para el control de acceso.
```
aaa new-model
!
!
```
Creamos la lista de login de usuarios y la de autorización a la red. Ambas son locales lo que quiere decir que se guardan en la base de datos del router.
```
aaa authentication login list_auth local
aaa authorization network list_net local
!
aaa session-id common
clock timezone MADRID 1
clock calendar-valid
!
!
ip domain name cisco-learning.es
ip host Ap 192.168.3.2
!
!
```
Configuramos el punto de confianza (CA)
```
crypto pki trustpoint ca_lider3
 enrollment retry period 5
 enrollment url http://192.168.0.3:80
 serial-number
 fqdn Lider2.cisco-learning.es
 ip-address 192.168.0.2
 password 7 121404191D070312233D213A3C
 subject-name cn=lider2 dn=cisco-learning.es o=ncr ou=cuartito c=spain st=madrid
 revocation-check crl
 rsakeypair ca_lider3
!
!
!
```
Este mapa de certificado es el que usamos para identificar las conexiones de acceso remoto que usan certificado en lugar de password de grupo. El nombre del certificado que inicia sesión es remoto
```
crypto pki certificate map remoto_map 1
 subject-name co cn = remoto
!
```
Los certificados del router y del CA.
```
crypto pki certificate chain ca_lider3
 certificate 02
```

IPsec y Redes Privadas Virtuales. Por Guillermo Marqués

-46-

30820274 308201DD A0030201 02020102 300D0609 2A864886 F70D0101 04050030
11310F30 0D060355 04031306 6C696465 7233301E 170D3131 30313231 31383139
34335A17 0D313230 31323131 38313934 335A3081 9D314830 46060355 0403133F
6C696465 72322064 6E3D6369 73636F2D 6C656172 6E696E67 2E657320 6F3D6E63
72206F75 3D637561 72746974 6F20633D 73706169 6E207374 3D6D6164 72696431
51300E06 03550405 13073146 31414639 44301806 092A8648 86F70D01 0908130B
3139322E 3136382E 302E3230 2506092A 864886F7 0D010902 16186C69 64657232
2E636973 636F2D6C 6561726E 696E672E 65733081 9F300D06 092A8648 86F70D01
01010500 03818D00 30818902 818100D4 C7E3A914 4072B656 D5B823E5 680F8316
2B549657 AA06FEC5 432CE727 D54BE87C D1E64B00 6C48DD63 CFE455D0
3CE79E42
1AB3406C AD97FC68 682230A2 246C31E7 B887A671 74B39B48 8AB24511
4D2814E2
CEED4CF1 C9B58636 6B21EC69 53FE8061 494C2F20 6FF7A582 D0958A24
AE9D1478
694A3467 5F7C9EA4 FDEA2F79 7BE8F502 03010001 A34F304D 300B0603 551D0F04
04030205 A0301F06 03551D23 04183016 80144DE0 88B74FE6 04DFC827 1A2C28CB
5876CB4A 3186301D 0603551D 0E041604 14DB8009 FB4324A6 F478F856
B990DDBF
0E37AD6C DA300D06 092A8648 86F70D01 01040500 03818100 78CD9BB4
B32A90EA
5BCC6469 9CF49C2B CC6608C4 BB627987 193771B7 6083D1A5 6F293075
5DC8D4BD
4415029E 8D13421F 516E2A87 70188ADA AA787FD2 387A2435 61818D09
D878630C
A32344D4 CBCB9E5A 626CB825 F515889A 99B7F8CD A227931F 9AD33A2E
7F95B345
38384809 9C78CDCD 1A32116D B342DCD5 B3A05757 B95A22
9F
quit
certificate ca 01
308201FB 30820164 A0030201 02020101 300D0609 2A864886 F70D0101 04050030
11310F30 0D060355 04031306 6C696465 7233301E 170D3131 30313231 31373434
30355A17 0D313430 31323031 37343430 355A3011 310F300D 06035504 0313066C
69646572 3330819F 300D0609 2A864886 F70D0101 01050003 818D0030 81890281
8100E240 074F9DA2 EAA3970C 33E457A4 1CC7FEC2 F9AAE6AC DF70D337
FAA344B7
58CE57EF 96AA0963 FDAA2C82 C00C14DD 6B9DA691 B5EE64E5 E7D9A04B
1CF3AB0B
BE61E998 07B80D44 29F79A36 D32F62E1 94474870 3543E567 6D111F9D 82CD234D
77C5AEB1 C2639623 C0703C20 85973C5E 0064CA3C 43F4404B 8F71D4F4
4D1D3521
ECCD0203 010001A3 63306130 0F060355 1D130101 FF040530 030101FF 300E0603
551D0F01 01FF0404 03020186 301F0603 551D2304 18301680 144DE088 B74FE604
DFC8271A 2C28CB58 76CB4A31 86301D06 03551D0E 04160414 4DE088B7
4FE604DF
C8271A2C 28CB5876 CB4A3186 300D0609 2A864886 F70D0101 04050003 81810036
96750CD8 A4747945 848AB63B 87003D6D 54E8F5F1 A90DB94C 17B1D69E
D1EE71E3
C3F31359 B6F3D56E 80444930 4F7BC1E3 F962F3B9 571DF07B 2799349E 9AEB2670
FA56617B F13DC546 5D67D6B5 FB2FE3AE 84CFB5D1 1A605644 1F6E3627
B89ACAEA
52E515A6 3A805EAE C6E5A444 0DB09776 D4E89FA5 C11C1895 E80771A0 F31041
quit
!
!

IPsec y Redes Privadas Virtuales. Por Guillermo Marqués

-47-

username cisco privilege 15 password 7 151F0A020B262432212530301C
username Guiller privilege 15 secret 5 1SBSb$CKqsGJFv3OuY98YIPrAUm1
username Luis secret 5 1/NM1$LNibaErKi/o0qbpbZKDSz.
username Pablo secret 5 $1$3tFx$fs4Jy8tx4FeFpuSRytEyG.
!
!
Esta póliza la usamos para las conexiones remotas que necesitan autenticación de grupo.
crypto isakmp policy 1
 encr aes
 hash md5
 authentication pre-share
 group 2
!
Esta otra la usamos para la conexión estática con Líder y para los usuarios remotos que se autentican mediante certificados de identidad.
crypto isakmp policy 3
 encr aes
 hash md5
 group 2
Añadimos la identificación mediante nombre de certificado para que los usuarios remotos que los usen puedan iniciar una sesión.
crypto isakmp identity dn
crypto isakmp keepalive 10 4
!
Creamos el grupo de Seguidores. Se loguea usando una password de grupo (cisco) y las IP´s de la POOL segui_pool (192.168.4.0). El Split-Tunneling lo controla la ACL 101. Esta ACL hará pasar por la VPN todo el tráfico que circule entre el usuario y cualquier destino que comience por 192.168.
crypto isakmp client configuration group Seguidores
 key cisco
 dns 80.58.0.33 80.58.61.250
 domain cisco-learning.es
 pool segui_pool
 acl 101
!
El grupo de administradores se loguea usando certificados. Su POOL de IP´s es admin_pool (192.168.5.0)
crypto isakmp client configuration group Administradores
 dns 80.58.0.33 80.58.61.250
 domain cisco-learning.es
 pool admin_pool
 acl 101
Este perfil ISAKMP lo usamos para las conexiones del grupo de seguidores. Identificamos las sesiones que usan este perfil por el nombre del grupo.
crypto isakmp profile Rem_segui
 match identity group Seguidores
 Enlazamos las listas AAA con el perfil
 client authentication list list_auth
 isakmp authorization list list_net
 Lo configuramos para que esté a la espera de llamadas
 client configuration address respond
 keepalive 10 retry 4

Perfil ISAKMP que usamos para las conexiones remotas que usan certificado

IPsec y Redes Privadas Virtuales. Por Guillermo Marqués

-48-

```
crypto isakmp profile Rem_admin
```
Agregamos el mapa de certificado para identificar la conexión entrante con este perfil
```
   match certificate remoto_map
   client authentication list list_auth
   isakmp authorization list list_net
   client configuration address respond
```
Enlazamos este perfil con el grupo de Administradores
```
   client configuration group Administradores
   keepalive 10 retry 4
!
!
```
Este transform se usa para las conexiones de acceso remoto
```
crypto ipsec transform-set Lider_sta_tra esp-aes esp-md5-hmac
 mode transport
```
Este otro para el túnel existente entre Lider y Lider2
```
crypto ipsec transform-set Lider_dyn_tra esp-aes esp-md5-hmac
!
```
Tenemos que crear dos registros del mapa dinámico porque tenemos dos perfiles ISAKMP diferentes. El número uno lo usamos para las conexiones del grupo Seguidores. La número dos para el de Administradores. En estos mapas dinámicos solo configuramos el transform set porque el resto de la información no la sabemos y se negocia durante la conexión.
```
crypto dynamic-map lider_dyn 1
 set transform-set Lider_dyn_tra
 set isakmp-profile Rem_segui
 reverse-route
crypto dynamic-map lider_dyn 2
 set transform-set Lider_dyn_tra
 set isakmp-profile Rem_admin
 reverse-route
!
!
```
Este mapa estático es el que mantiene la conexión entre Lider y Lider2. Como podéis ver, hemos configurado la IP de Lider en el parámetro set peer e incluimos la crypto ACL que encapsula el tráfico GRE
```
crypto map lider_loc 10 ipsec-isakmp
 description Conexion con Lider
 set peer 192.168.6.2
 set transform-set Lider_sta_tra
 match address 102
!
```
Unimos el mapa dinámico que usamos para las conexiones de acceso remoto con su mapa estático.
```
crypto map lider_sta 99 ipsec-isakmp dynamic lider_dyn
!
!
!
!
```
Túnel GRE
```
interface Tunnel1
 ip address 192.0.0.2 255.255.255.0
 tunnel source 192.168.7.2
 tunnel destination 192.168.6.2
!
```
Este enlace conecta a Lider2 con Lider. Mantiene el túnel VPN con Lider representado con una línea punteada amarilla. En enlace físico esta representado con una línea contínua amarilla.

IPsec y Redes Privadas Virtuales. Por Guillermo Marqués

-49-

```
interface FastEthernet0/0
 ip address 192.168.7.2 255.255.255.0
 ip virtual-reassembly
 duplex auto
 speed auto
 no cdp enable
 crypto map lider_loc
!
!
```
Este enlace pertenece a la VLAN1 del switch, donde se conectan todos los routers. Esta representado por una línea contínua roja.
```
interface FastEthernet2/0
 ip address 192.168.0.2 255.255.255.0
 ip nat outside
 ip virtual-reassembly
 duplex half
 no cdp enable
 standby ip 192.168.0.100
 standby preempt
 standby name Vpn_serv
 crypto map lider_sta redundancy Vpn_serv
!
router ospf 1
 router-id 0.0.0.2
 log-adjacency-changes
 redistribute static subnets
 network 192.0.0.0 0.0.0.255 area 1
 network 192.168.0.0 0.0.0.255 area 1
 network 192.168.3.0 0.0.0.255 area 1
!
```
Ruta estática que usamos para mantener el túnel VPN.
```
Ip route 192.168.6.0 255.255.255.0 192.168.7.1
```
Ruta necesaria para poder acceder a Internet y para que nuestros usuarios remotos se puedan conectar.
```
ip route 0.0.0.0 0.0.0.0 192.168.0.1
```
Creamos las POOL de IP's de los usuarios de acceso remoto
```
ip local pool admin_pool 192.168.5.1 192.168.5.10
ip local pool segui_pool 192.168.4.1 192.168.4.10
no ip http server
no ip http secure-server
!
```
Acl que controla el Split-Tunneling de las conexiones remotas
```
access-list 101 permit ip 192.168.0.0 0.0.255.255 any
```
Crypto ACL que selecciona el tráfico GRE para que pase por la VPN
```
access-list 102 permit gre host 192.168.7.2 host 192.168.6.2
```
ACL que solo permite el tráfico VPN por el interface sobre el que esta construido el túnel
```
access-list 103 permit udp host 192.168.6.2 host 192.168.7.2 eq isakmp
access-list 103 permit esp host 192.168.6.2 host 192.168.7.2
no cdp run
!
line vty 0 4
 exec-timeout 60 0
 logging synchronous
 login local
 transport input telnet
 transport output all
```

IPsec y Redes Privadas Virtuales. Por Guillermo Marqués

end

```
hostname LiderSw
!
enable secret 5 $1$xuHA$qFj3dc2T8l4lqHtvr/WnC/
!
username guiller privilege 15 password 0 cisco
!
!
!
!
!
no spanning-tree vlan 1
!
!
```

Este puerto troncal es donde se conecta el interface 0/0 del router Lider. La encapsulación es tipo IEEE 802.1Q

```
interface FastEthernet0/3
 switchport trunk encapsulation dot1q
 switchport mode trunk
!
```

Aquí se conecta el puerto Fast2/0 del router Lider2

```
interface FastEthernet0/5
!
```

Aquí se conecta el CA

```
interface FastEthernet0/9
!
```

Aquí se conecta el puerto Fast0/0 del router Lider4

```
interface FastEthernet0/11
!
```

Estos puertos pertenecen a la VLAN3 y es donde se conectan los equipos de la red 192.168.1.0/24

```
interface FastEthernet0/33
 switchport access vlan 3
!
interface FastEthernet0/48
 switchport access vlan 3
!
```

Vlan de gestión

```
interface VLAN1
 ip address 192.168.0.4 255.255.255.0
 no ip directed-broadcast
 no ip route-cache
!
ip default-gateway 192.168.0.1
line vty 5 15
 exec-timeout 60 0
 logging synchronous
 login local
 transport input telnet
!
End
```

IPsec y Redes Privadas Virtuales. Por Guillermo Marqués

-51-

La configuración de Lider4 es la misma que la de Lider2 a diferencia de las IP´s de sus interfaces FastEthernet. Su función es unir el túnel entre Lider y Lider2 y hacer de Backup en caso de que Lider2 falle a la hora de realizar sus funciones como servidor VPN.

- Cliente Vpn Software de Cisco

Este es el software que utilizaremos para iniciar las conexiones VPN en nuestros servidores VPN. Al instalarlo en nuestro PC crea un interface virtual que se activará cuando nos conectemos con el servidor. A este interface se le aplicará una IP del POOL del servidor. El efecto que conseguimos con esto es el mismo que si estuviéramos dentro de la red, pudiendo acceder a los recursos de la misma. Todo el tráfico que viaje entre la red y nosotros será protegido por la VPN.

- • Configuración de una conexión nueva: En la ventana principal podemos ver las conexiones que tenemos configuradas, si es que tenemos alguna. Pulsando el botón "new" se abre la ventana que nos permite agregar una nueva.

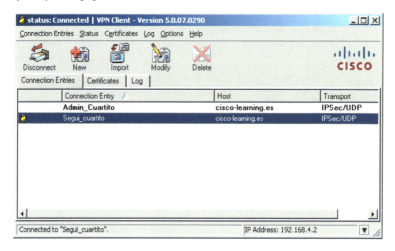

Esta es la pantalla que veremos a la hora de crear una conexión nueva. En el campo "connection entry" ponemos un nombre a la conexión, y en el campo host ponemos la dirección IP de nuestro servidor. En la pestaña de autenticación tenemos que elegir el tipo de esta que vamos a usar. En el caso de autenticación grupal, ponemos el nombre del grupo (es sensible a las mayúsculas) y su password. Para elegir autenticación mediante certificado tenemos que tener un certificado previamente obtenido desde nuestro CA

IPsec y Redes Privadas Virtuales. Por Guillermo Marqués

-52-

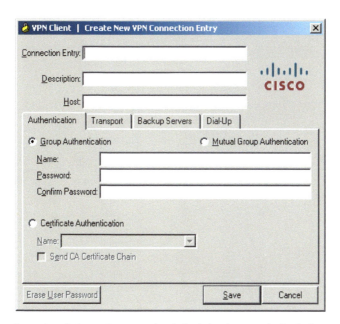

La ventana de transporte nos permite elegir el tipo de encapsulación de Ipsec que vamos a utilizar. Obviamente todo esto tiene que coincidir con la configuración de nuestro servidor VPN.

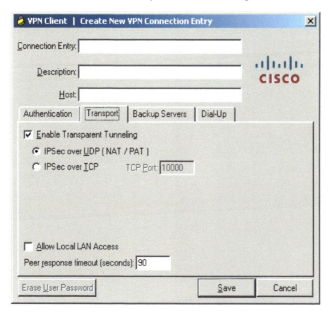

IPsec y Redes Privadas Virtuales. Por Guillermo Marqués

En este caso la opción elegida es NAT-T.

Esta es la pestaña de certificados. En ella podemos ver que certificados tenemos instalados y si son válidos.

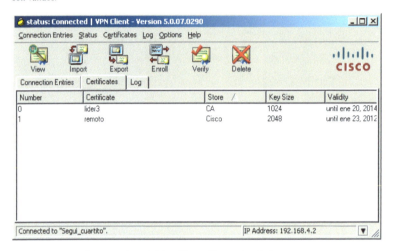

Para obtener uno pulsamos en la tecla "Enroll" y realizamos los siguientes pasos:

Primero tenemos que añadir en la configuración del Trust-point de nuestro CA la siguiente línea:
crypto pki trustpoint Nombre_CA
enrollment url http://IP_CA1:80

En la ventana de enrolamiento, en el campo "CA URL" ponemos lo siguiente:
http://IP_CA/cgi-bin/pkiclient.exe
En el campo "CA Domain" ponemos el dominio que tengamos configurado en nuestro CA en el comando IP domain name.

IPsec y Redes Privadas Virtuales. Por Guillermo Marqués

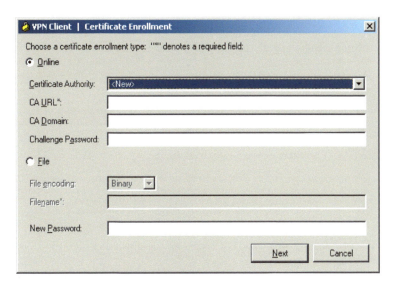

Pulsamos next y vamos a la siguiente pantalla.

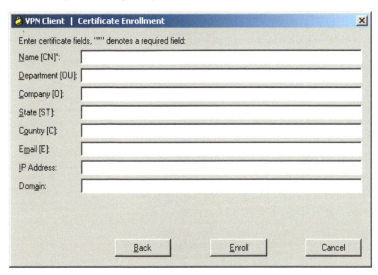

Estos campos contendrán información relativa a nosotros. Al menos el campo CN, que contendrá nombre del certificado, el campo OU, que el router lo usará para relacionarlo con el grupo al que pertenece la conexión y el campo domain, en el que tendremos que especificar el mismo dominio que tengamos configurado en nuestros routers, son obligatorios. Ahora podemos pulsar el botón "Enroll" y se enviará la petición de certificado a nuestro CA. Una vez aprobada podremos obtener nuestro certificado pulsando con el botón derecho sobre la petición de certificado y marcando la opción Retrive certificate.

IPsec y Redes Privadas Virtuales. Por Guillermo Marqués

-55-

- Monitorización de elementos y solución de problemas

En esta sección vamos a ver una serie de comandos que, añadidos a nuestros conocimientos, nos serán de utilidad a la hora de solucionar problemas de conectividad.

Router# show crypto session [sumary]: Nos permite ver las conexiones que tenemos y su estado, además de información relativa a estas. Si añadimos el parámetro sumary, y hay sesiones de acceso remoto iniciadas, nos permite ver que usuarios y grupos están conectados.

Router# show crypto isakmp sa: Nos permite ver las sesiones ISAKMP y su estado.

Router#show crypto ipsec sa: Nos muestra información relativa a nuestras conexiones Ipsec. Dentro de esta información podemos encontrar cuantos paquetes fueron encriptados y autenticados, cuales son las dos conexiones seguras y que protocolo usan, con quien hemos establecido la sesión, etc...

Router#show crypto map: Nos muestra los mapas estáticos que tenemos creados y su configuración.

Router#show crypto dynamic-map: Nos muestra los mapas dinámicos que hemos creado y su configuración.

Router#clear crypto session: Elimina todas las conexiones que tenemos activas. Podemos usar parámetros para afinar el alcance del efecto del comando.

Router#clear crypto isakmp: Elimina las sesiones ISAKMP

Router#debug crypro isakmp [errors]: Este comando activa el debug de las conexiones isakmp. Una vez activado podemos ver el proceso que siguen desde su inicio hasta su terminación. Si usamos el parámetro errors solo nos mostrará los mensajes de error. Este es un ejemplo de una conexión entre Lider y Lider2 terminada satisfactoriamente:

Lider recibe un paquete con puerto destino 500 (ISAKMP) de Lider2 (192.168.7.2).
*Feb 17 23:14:48.475: ISAKMP (1001): received packet from 192.168.7.2 dport 500 sport 500 Global (R) MM_NO_STATE
*Feb 17 23:14:51.151: ISAKMP:(0): SA request profile is (NULL)
Se crea una estructura para Lider2
*Feb 17 23:14:51.151: ISAKMP: Created a peer struct for 192.168.7.2, peer port 500
*Feb 17 23:14:51.151: ISAKMP: New peer created peer = 0x67E0BFF8 peer_handle = 0x80000005
*Feb 17 23:14:51.151: ISAKMP: Locking peer struct 0x67E0BFF8, refcount 1 for isakmp_initiator
*Feb 17 23:14:51.151: ISAKMP: local port 500, remote port 500
*Feb 17 23:14:51.151: ISAKMP: set new node 0 to QM_IDLE
*Feb 17 23:14:51.151: ISAKMP:(0):insert sa successfully sa = 67B99C24
La conexión de control se realiza en modo "main". Lider no tiene ninguna clave configurada para Lider2 (192.168.7.2). Esto es así porque usamos certificados de identidad
*Feb 17 23:14:51.151: ISAKMP:(0):Can not start Aggressive mode, trying Main mode.
*Feb 17 23:14:51.151: ISAKMP:(0):No pre-shared key with 192.168.7.2!
Se piden y obtienen la lista de CA's que tenemos configurados
*Feb 17 23:14:51.151: ISAKMP:(0): IKE->PKI Get configured TrustPoints state (I) MM_NO_STATE (peer 192.168.7.2)
*Feb 17 23:14:51.151: ISAKMP:(0): PKI->IKE Got configured TrustPoints state (I) MM_NO_STATE (peer 192.168.7.2)
*Feb 17 23:14:51.151: ISAKMP:(0): constructed NAT-T vendor-rfc3947 ID
*Feb 17 23:14:51.155: ISAKMP:(0): constructed NAT-T vendor-07 ID
*Feb 17 23:14:51.155: ISAKMP:(0): constructed NAT-T vendor-03 ID

IPsec y Redes Privadas Virtuales. Por Guillermo Marqués

-56-

*Feb 17 23:14:51.155: ISAKMP:(0): constructed NAT-T vendor-02 ID
*Feb 17 23:14:51.155: ISAKMP:(0):Input = IKE_MESG_FROM_IPSEC, IKE_SA_REQ_MM
Se alcanza el estado Main mode1
*Feb 17 23:14:51.155: ISAKMP:(0):Old State = IKE_READY New State = IKE_I_MM1
Se iniciará el intercambio de pólizas en modo "main"
*Feb 17 23:14:51.155: ISAKMP:(0): beginning Main Mode exchange
*Feb 17 23:14:51.155: ISAKMP:(0): sending packet to 192.168.7.2 my_port 500 peer_port 500 (I) MM_NO_STATE
*Feb 17 23:14:51.155: ISAKMP:(0):Sending an IKE IPv4 Packet.
*Feb 17 23:14:51.183: ISAKMP (0): received packet from 192.168.7.2 dport 500 sport 500 Global (I) MM_NO_STATE
*Feb 17 23:14:51.183: ISAKMP:(0):Input = IKE_MESG_FROM_PEER, IKE_MM_EXCH
Se alcanza el estado Main mode2
*Feb 17 23:14:51.183: ISAKMP:(0):Old State = IKE_I_MM1 New State = IKE_I_MM2
Se identifica la tecnología que usa el router con el que se esta negociando
*Feb 17 23:14:51.183: ISAKMP:(0): processing SA payload. message ID = 0
*Feb 17 23:14:51.187: ISAKMP:(0): processing vendor id payload
*Feb 17 23:14:51.187: ISAKMP:(0): vendor ID seems Unity/DPD but major 245 mismatch
*Feb 17 23:14:51.187: ISAKMP (0): vendor ID is NAT-T v7
*Feb 17 23:14:51.187: ISAKMP : Scanning profiles for xauth ...
*Feb 17 23:14:51.187: ISAKMP:(0): IKE->PKI Get configured TrustPoints state (I) MM_NO_STATE (peer 192.168.7.2)
*Feb 17 23:14:51.187: ISAKMP:(0): PKI->IKE Got configured TrustPoints state (I) MM_NO_STATE (peer 192.168.7.2)
Se compara la póliza 1 de Lider2 con la 1 de Lider (la nuestra)
*Feb 17 23:14:51.187: ISAKMP:(0):Checking ISAKMP transform 1 against priority 1 policy
*Feb 17 23:14:51.187: ISAKMP: encryption AES-CBC
*Feb 17 23:14:51.187: ISAKMP: keylength of 128
*Feb 17 23:14:51.187: ISAKMP: hash MD5
*Feb 17 23:14:51.187: ISAKMP: default group 2
*Feb 17 23:14:51.187: ISAKMP: auth RSA sig
*Feb 17 23:14:51.187: ISAKMP: life type in seconds
*Feb 17 23:14:51.187: ISAKMP: life duration (VPI) of 0x0 0x1 0x51 0x80
Coinciden y por lo tanto se acepta.
*Feb 17 23:14:51.187: ISAKMP:(0):atts are acceptable. Next payload is 0
*Feb 17 23:14:51.187: ISAKMP:(0):Acceptable atts:actual life: 0
*Feb 17 23:14:51.187: ISAKMP:(0):Acceptable atts:life: 0
*Feb 17 23:14:51.187: ISAKMP:(0):Fill atts in sa vpi_length:4
*Feb 17 23:14:51.187: ISAKMP:(0):Fill atts in sa life_in_seconds:86400
Se inica el intercambio de claves
*Feb 17 23:14:51.187: ISAKMP:(0): IKE->PKI Start PKI Session state (I) MM_NO_STATE (peer 192.168.7.2)
*Feb 17 23:14:51.187: ISAKMP:(0): PKI->IKE Started PKI Session state (I) MM_NO_STATE (peer 192.168.7.2)
*Feb 17 23:14:51.187: ISAKMP:(0):Returning Actual lifetime: 86400
*Feb 17 23:14:51.187: ISAKMP:(0)::Started lifetime timer: 86400.

*Feb 17 23:14:51.187: ISAKMP:(0): processing vendor id payload
*Feb 17 23:14:51.187: ISAKMP:(0): vendor ID seems Unity/DPD but major 245 mismatch
*Feb 17 23:14:51.187: ISAKMP (0): vendor ID is NAT-T v7
*Feb 17 23:14:51.187: ISAKMP:(0):Input = IKE_MESG_INTERNAL, IKE_PROCESS_MAIN_MODE
*Feb 17 23:14:51.191: ISAKMP:(0):Old State = IKE_I_MM2 New State = IKE_I_MM2

*Feb 17 23:14:51.191: ISAKMP:(0): IKE->PKI Get configured TrustPoints state (I) MM_SA_SETUP (peer 192.168.7.2)

IPsec y Redes Privadas Virtuales. Por Guillermo Marqués

-57-

*Feb 17 23:14:51.191: ISAKMP:(0): PKI->IKE Got configured TrustPoints state (I) MM_SA_SETUP (peer 192.168.7.2)
*Feb 17 23:14:51.191: ISAKMP:(0): IKE->PKI Get IssuerNames state (I) MM_SA_SETUP (peer 192.168.7.2)
*Feb 17 23:14:51.191: ISAKMP:(0): PKI->IKE Got IssuerNames state (I) MM_SA_SETUP (peer 192.168.7.2)
*Feb 17 23:14:51.191: ISAKMP (0): constructing CERT_REQ for issuer cn=lider3
*Feb 17 23:14:51.191: ISAKMP:(0): sending packet to 192.168.7.2 my_port 500 peer_port 500 (I) MM_SA_SETUP
*Feb 17 23:14:51.191: ISAKMP:(0):Sending an IKE IPv4 Packet.
*Feb 17 23:14:51.191: ISAKMP:(0):Input = IKE_MESG_INTERNAL, IKE_PROCESS_COMPLETE
Se alcanza el estado Main mode3
*Feb 17 23:14:51.191: ISAKMP:(0):Old State = IKE_I_MM2 New State = IKE_I_MM3

*Feb 17 23:14:51.231: ISAKMP (0): received packet from 192.168.7.2 dport 500 sport 500 Global (I) MM_SA_SETUP
*Feb 17 23:14:51.231: ISAKMP:(0):Input = IKE_MESG_FROM_PEER, IKE_MM_EXCH
Se alcanza el estado Main mode4
*Feb 17 23:14:51.231: ISAKMP:(0):Old State = IKE_I_MM3 New State = IKE_I_MM4
En este punto ya se ha llevado a cabo el intercambio de claves con DH y se inicia el proceso de autenticación de los dispositivos.
*Feb 17 23:14:51.231: ISAKMP:(0): processing KE payload. message ID = 0
*Feb 17 23:14:51.303: ISAKMP:(0): processing NONCE payload. message ID = 0
*Feb 17 23:14:51.303: ISAKMP:(1003): processing CERT_REQ payload. message ID = 0
Nos piden nuestro certificado firmado por ca_lider3
*Feb 17 23:14:51.303: ISAKMP:(1003): peer wants a CT_X509_SIGNATURE cert
*Feb 17 23:14:51.303: ISAKMP:(1003): peer wants cert issued by cn=lider3
*Feb 17 23:14:51.307: Choosing trustpoint ca_lider3 as issuer
*Feb 17 23:14:51.307: ISAKMP:(1003): processing vendor id payload
*Feb 17 23:14:51.307: ISAKMP:(1003): vendor ID is Unity
*Feb 17 23:14:51.307: ISAKMP:(1003): processing vendor id payload
*Feb 17 23:14:51.307: ISAKMP:(1003): vendor ID is DPD
*Feb 17 23:14:51.307: ISAKMP:(1003): processing vendor id payload
*Feb 17 23:14:51.307: ISAKMP:(1003): speaking to another IOS box!
*Feb 17 23:14:51.307: ISAKMP (1003): His hash no match - this node outside NAT
*Feb 17 23:14:51.307: ISAKMP (1003): No NAT Found for self or peer
*Feb   17   23:14:51.307:   ISAKMP:(1003):Input   =   IKE_MESG_INTERNAL, IKE_PROCESS_MAIN_MODE
*Feb 17 23:14:51.307: ISAKMP:(1003):Old State = IKE_I_MM4 New State = IKE_I_MM4

*Feb 17 23:14:51.311: ISAKMP:(1003):Send initial contact
*Feb 17 23:14:51.311: ISAKMP:(1003): IKE->PKI Get self CertificateChain state (I) MM_KEY_EXCH (peer 192.168.7.2)
*Feb 17 23:14:51.311: ISAKMP:(1003): PKI->IKE Got self CertificateChain state (I) MM_KEY_EXCH (peer 192.168.7.2)
*Feb 17 23:14:51.311: ISAKMP:(1003): IKE->PKI Get SubjectName state (I) MM_KEY_EXCH (peer 192.168.7.2)
*Feb 17 23:14:51.315: ISAKMP:(1003): PKI->IKE Got SubjectName state (I) MM_KEY_EXCH (peer 192.168.7.2)
*Feb 17 23:14:51.315: ISAKMP:(1003):My ID configured as IPv4 Addr, but Addr not in Cert!
*Feb 17 23:14:51.315: ISAKMP:(1003):Using FQDN as My ID
*Feb 17 23:14:51.315: ISAKMP:(1003):SA is doing RSA signature authentication using id type ID_FQDN.
*Feb 17 23:14:51.315: ISAKMP (1003): ID payload
    next-payload : 6
    type   : 2

IPsec y Redes Privadas Virtuales. Por Guillermo Marqués

-58-

```
        FQDN name    : Lider.cisco-learning.es
        protocol    : 17
        port      : 500
        length     : 31
*Feb 17 23:14:51.315: ISAKMP:(1003):Total payload length: 31
```
Esta es la información que contiene nuestro certificado y se lo enviamos a Llider2
*Feb 17 23:14:51.315: ISAKMP:(1003): IKE->PKI Get CertificateChain to be sent to peer state (I) MM_KEY_EXCH (peer 192.168.7.2)
*Feb 17 23:14:51.319: ISAKMP:(1003): PKI->IKE Got CertificateChain to be sent to peer state (I) MM_KEY_EXCH (peer 192.168.7.2)
*Feb   17   23:14:51.319:   ISAKMP   (1003):   constructing   CERT   payload   for serialNumber=FTX1032W039+ipaddress=192.168.0.1+hostname=lider.cisco-learning.es,cn=lider dn=cisco-learning.es o=own ou=cuartito c=spain st=madrid
*Feb 17 23:14:51.319: ISAKMP:(1003): using the ca_lider3 trustpoint's keypair to sign
*Feb 17 23:14:51.443: ISAKMP:(1003): sending packet to 192.168.7.2 my_port 500 peer_port 500 (I) MM_KEY_EXCH
*Feb 17 23:14:51.443: ISAKMP:(1003):Sending an IKE IPv4 Packet.
*Feb   17   23:14:51.443:   ISAKMP:(1003):Input   =   IKE_MESG_INTERNAL, IKE_PROCESS_COMPLETE
Se alcanza el estado Main mode5
*Feb 17 23:14:51.443: ISAKMP:(1003):Old State = IKE_I_MM4 New State = IKE_I_MM5

*Feb 17 23:14:51.459: ISAKMP (0): received packet from 192.168.7.2 dport 500 sport 500 Global (N) NEW SA
*Feb 17 23:14:51.459: %CRYPTO-4-IKMP_NO_SA: IKE message from 192.168.7.2 has no SA and is not an initialization offer
*Feb 17 23:14:51.559: ISAKMP (1003): received packet from 192.168.7.2 dport 500 sport 500 Global (I) MM_KEY_EXCH
Recibimos el certificado de Lider2
*Feb 17 23:14:51.559: ISAKMP:(1003): processing ID payload. message ID = 0
*Feb 17 23:14:51.559: ISAKMP (1003): ID payload
```
        next-payload : 6
        type     : 9
        Dist.   name      :    serialNumber=1F1AF9D+ipaddress=192.168.0.2+hostname=lider2.cisco-
learning.es,cn=lider2 dn=cisco-learning.es o=own ou=cuartito c=spain st=madrid
        protocol    : 17
        port      : 500
        length     : 168
```
*Feb 17 23:14:51.563: ISAKMP:(0):: UNITY's identity FQDN but no group info
*Feb 17 23:14:51.563: ISAKMP:(0):: peer matches *none* of the profiles
*Feb 17 23:14:51.563: ISAKMP:(1003): processing CERT payload. message ID = 0
*Feb 17 23:14:51.563: ISAKMP:(1003): processing a CT_X509_SIGNATURE cert
*Feb 17 23:14:51.563: ISAKMP:(1003): IKE->PKI Add peer's certificate state (I) MM_KEY_EXCH (peer 192.168.7.2)
*Feb 17 23:14:51.563: ISAKMP:(1003): PKI->IKE Added peer's certificate state (I) MM_KEY_EXCH (peer 192.168.7.2)
*Feb 17 23:14:51.563: ISAKMP:(1003): IKE->PKI Get PeerCertificateChain state (I) MM_KEY_EXCH (peer 192.168.7.2)
*Feb 17 23:14:51.563: ISAKMP:(1003): PKI->IKE Got PeerCertificateChain state (I) MM_KEY_EXCH (peer 192.168.7.2)
*Feb 17 23:14:51.563: ISAKMP:(1003): peer's pubkey isn't cached
*Feb 17 23:14:51.563: ISAKMP:(1003): IKE->PKI Validate certificate chain state (I) MM_KEY_EXCH (peer 192.168.7.2)
*Feb 17 23:14:51.575: ISAKMP:(1003): PKI->IKE Validate certificate chain state (I) MM_KEY_EXCH (peer 192.168.7.2)

IPsec y Redes Privadas Virtuales. Por Guillermo Marqués

-59-

*Feb 17 23:14:51.575: ISAKMP:(1003): Polling required and CRL will be fetched asynchronously! state (I) MM_KEY_EXCH (peer 192.168.7.2)
*Feb 17 23:14:51.575: ISAKMP:(1003):Input = IKE_MESG_FROM_PEER, IKE_MM_EXCH
Se alcanza el estado Main mode6
*Feb 17 23:14:51.575: ISAKMP:(1003):Old State = IKE_I_MM5 New State = IKE_I_MM6

*Feb   17   23:14:51.575:   ISAKMP:(1003):Input   =   IKE_MESG_INTERNAL, IKE_PROCESS_MAIN_MODE
*Feb 17 23:14:51.575: ISAKMP:(1003):Old State = IKE_I_MM6 New State = IKE_I_MM6

*Feb 17 23:14:51.779: ISAKMP (1003): received packet from 192.168.7.2 dport 500 sport 500 Global (I) MM_KEY_EXCH
*Feb 17 23:14:52.207: ISAKMP:(1003): IKE->PKI Get PeerCertificateChain state (I) MM_KEY_EXCH (peer 192.168.7.2)
*Feb 17 23:14:52.207: ISAKMP:(1003): PKI->IKE Got PeerCertificateChain state (I) MM_KEY_EXCH (peer 192.168.7.2)
*Feb 17 23:14:52.207: ISAKMP:(1003): peer's pubkey isn't cached
*Feb 17 23:14:52.207: ISAKMP:(1003): Unable to get DN from certificate!
*Feb 17 23:14:52.207: ISAKMP:(1003): Cert presented by peer contains no OU field.
*Feb 17 23:14:52.207: ISAKMP:(0):: UNITY's identity FQDN but no group info
*Feb 17 23:14:52.207: ISAKMP:(0):: peer matches *none* of the profiles
*Feb 17 23:14:52.211: ISAKMP:(1003): processing SIG payload. message ID = 0
Los routers han comprobado su autenticidad
*Feb 17 23:14:52.215: ISAKMP:(1003):SA authentication status:
     authenticated
*Feb 17 23:14:52.215: ISAKMP:(1003):SA has been authenticated with 192.168.7.2
*Feb 17 23:14:52.219: ISAKMP: Trying to insert a peer 192.168.6.2/192.168.7.2/500/, and inserted successfully 67E0BFF8.
*Feb 17 23:14:52.219: ISAKMP:(1003):Input = IKE_MESG_INTERNAL, UNKNOWN
*Feb 17 23:14:52.219: ISAKMP:(1003):Old State = IKE_I_MM6 New State = IKE_I_MM6

*Feb   17   23:14:52.219:   ISAKMP:(1003):Input   =   IKE_MESG_INTERNAL, IKE_PROCESS_COMPLETE
Se termina la primera fase ISAKMP.
*Feb 17 23:14:52.219: ISAKMP:(1003):Old State = IKE_I_MM6 New State = IKE_P1_COMPLETE

Se inicia el keepalive y el peer dead detection.
*Feb 17 23:14:52.219: ISAKMP:(1003):IKE_DPD is enabled, initializing timers
*Feb 17 23:14:52.219: ISAKMP:(1003): IKE->PKI End PKI Session state (I) QM_IDLE   (peer 192.168.7.2)
*Feb 17 23:14:52.219: ISAKMP:(1003): PKI->IKE Ended PKI session state (I) QM_IDLE   (peer 192.168.7.2)
*Feb 17 23:14:52.219: ISAKMP:(1003):beginning Quick Mode exchange, M-ID of -1543006491
*Feb 17 23:14:52.223: ISAKMP:(1003):QM Initiator gets spi
*Feb 17 23:14:52.223: ISAKMP:(1003): sending packet to 192.168.7.2 my_port 500 peer_port 500 (I) QM_IDLE
*Feb 17 23:14:52.223: ISAKMP:(1003):Sending an IKE IPv4 Packet.
*Feb 17 23:14:52.223: ISAKMP:(1003):Node -1543006491, Input = IKE_MESG_INTERNAL, IKE_INIT_QM
*Feb 17 23:14:52.223: ISAKMP:(1003):Old State = IKE_QM_READY New State = IKE_QM_I_QM1
*Feb 17 23:14:52.223: ISAKMP:(1003):Input = IKE_MESG_INTERNAL, IKE_PHASE1_COMPLETE
*Feb 17 23:14:52.223: ISAKMP:(1003):Old State = IKE_P1_COMPLETE   New State = IKE_P1_COMPLETE

*Feb 17 23:14:52.231: ISAKMP (1003): received packet from 192.168.7.2 dport 500 sport 500 Global (I) QM_IDLE

IPsec y Redes Privadas Virtuales. Por Guillermo Marqués

-60-

*Feb 17 23:14:52.231: ISAKMP:(1003): processing HASH payload. message ID = -1543006491
*Feb 17 23:14:52.231: ISAKMP:(1003): processing SA payload. message ID = -1543006491
Se compara su Transform set 1 con el nuestro. Al coincidir, se aceptan las condiciones
*Feb 17 23:14:52.231: ISAKMP:(1003):Checking IPSec proposal 1
*Feb 17 23:14:52.231: ISAKMP: transform 1, ESP_AES
*Feb 17 23:14:52.231: ISAKMP: attributes in transform:
*Feb 17 23:14:52.231: ISAKMP: encaps is 2 (Transport)
*Feb 17 23:14:52.231: ISAKMP: SA life type in seconds
*Feb 17 23:14:52.231: ISAKMP: SA life duration (basic) of 3600
*Feb 17 23:14:52.231: ISAKMP: SA life type in kilobytes
*Feb 17 23:14:52.231: ISAKMP: SA life duration (VPI) of 0x0 0x46 0x50 0x0
*Feb 17 23:14:52.231: ISAKMP: authenticator is HMAC-MD5
*Feb 17 23:14:52.231: ISAKMP: key length is 128
*Feb 17 23:14:52.231: ISAKMP:(1003):atts are acceptable.
*Feb 17 23:14:52.231: ISAKMP:(1003): processing NONCE payload. message ID = -1543006491
*Feb 17 23:14:52.231: ISAKMP:(1003): processing ID payload. message ID = -1543006491
*Feb 17 23:14:52.231: ISAKMP:(1003): processing ID payload. message ID = -1543006491
Se crean las dos conexiones seguras
*Feb 17 23:14:52.235: ISAKMP:(1003): Creating IPSec Sas
La entrante
*Feb 17 23:14:52.235:   inbound SA from 192.168.7.2 to 192.168.6.2 (f/i) 0/ 0
    (proxy 192.168.7.2 to 192.168.6.2)
*Feb 17 23:14:52.235:   has spi 0x2CF595A0 and conn_id 0
*Feb 17 23:14:52.235:   lifetime of 3600 seconds
*Feb 17 23:14:52.235:   lifetime of 4608000 kilobytes
La saliente
*Feb 17 23:14:52.235:   outbound SA from 192.168.6.2 to 192.168.7.2 (f/i) 0/0
    (proxy 192.168.6.2 to 192.168.7.2)
*Feb 17 23:14:52.235:   has spi 0x849AFB09 and conn_id 0
*Feb 17 23:14:52.235:   lifetime of 3600 seconds
*Feb 17 23:14:52.235:   lifetime of 4608000 kilobytes
*Feb 17 23:14:52.235: ISAKMP:(1003): sending packet to 192.168.7.2 my_port 500 peer_port 500 (I)
QM_IDLE
*Feb 17 23:14:52.235: ISAKMP:(1003):Sending an IKE IPv4 Packet.
Lider#
*Feb 17 23:14:52.235: ISAKMP:(1003):deleting node -1543006491 error FALSE reason "No Error"
*Feb 17 23:14:52.235: ISAKMP:(1003):Node -1543006491, Input = IKE_MESG_FROM_PEER,
IKE_QM_EXCH
Se termina la fase 2 ISAKMP
*Feb 17 23:14:52.235: ISAKMP:(1003):Old State = IKE_QM_I_QM1   New State =
IKE_QM_PHASE2_COMPLETE
Lider#sh
*Feb 17 23:15:01.783: ISAKMP (1003): received packet from 192.168.7.2 dport 500 sport 500 Global (I)
QM_IDLE
*Feb 17 23:15:01.783: ISAKMP: set new node 2034243652 to QM_IDLE
*Feb 17 23:15:01.783: ISAKMP:(1003): processing HASH payload. message ID = 2034243652
*Feb 17 23:15:01.783: ISAKMP:(1003): processing SA payload. message ID = 2034243652
*Feb 17 23:15:01.783: ISAKMP:(1003):Checking IPSec proposal 1
*Feb 17 23:15:01.783: ISAKMP: transform 1, ESP_AES
*Feb 17 23:15:01.783: ISAKMP: attributes in transform:
*Feb 17 23:15:01.783: ISAKMP: encaps is 2 (Transport)
*Feb 17 23:15:01.783: ISAKMP: SA life type in seconds
*Feb 17 23:15:01.783: ISAKMP: SA life duration (basic) of 3600
*Feb 17 23:15:01.783: ISAKMP: SA life type in kilobytes
*Feb 17 23:15:01.783: ISAKMP: SA life duration (VPI) of 0x0 0x46 0x50 0x0
*Feb 17 23:15:01.783: ISAKMP: authenticator is HMAC-MD5

IPsec y Redes Privadas Virtuales. Por Guillermo Marqués

-61-

*Feb 17 23:15:01.783: ISAKMP: key length is 128
*Feb 17 23:15:01.787: ISAKMP:(1003):atts are acceptable.
*Feb 17 23:15:01.787: ISAKMP:(1003): processing NONCE payload. message ID = 2034243652
*Feb 17 23:15:01.787: ISAKMP:(1003): processing ID payload. message ID = 2034243652
*Feb 17 23:15:01.787: ISAKMP:(1003): processing ID payload. message ID = 2034243652
*Feb 17 23:15:01.787: ISAKMP:(1003):QM Responder gets spi
*Feb 17 23:15:01.787: ISAKMP:(1003):Node 2034243652, Input = IKE_MESG_FROM_PEER, IKE_QM_EXCH
*Feb 17 23:15:01.787: ISAKMP:(1003):Old State = IKE_QM_READY   New State = IKE_QM_SPI_STARVE
*Feb 17 23:15:01.787: ISAKMP:(1003): Creating IPSec SAs
*Feb 17 23:15:01.787:   inbound SA from 192.168.7.2 to 192.168.6.2 (f/i) 0/ 0
    (proxy 192.168.7.2 to 192.168.6.2)
*Feb 17 23:15:01.787:   has spi 0x348652C7 and conn_id 0
*Feb 17 23:15:01.787:   lifetime of 3600 seconds
*Feb 17 23:15:01.787:   lifetime of 4608000 kilobytes
*Feb 17 23:15:01.791:   outbound SA from 192.168.6.2 to 192.168.7.2 (f/i) 0/0
    (proxy 192.168.6.2 to 192.168.7.2)
*Feb 17 23:15:01.791:   has spi 0x934CC330 and conn_id 0
*Feb 17 23:15:01.791:   lifetime of 3600 seconds
*Feb 17 23:15:01.791:   lifetime of 4608000 kilobytes
*Feb 17 23:15:01.791: ISAKMP:(1003): sending packet to 192.168.7.2 my_port 500 peer_port 500 (I) QM_IDLE
*Feb 17 23:15:01.791: ISAKMP:(1003):Sending an IKE IPv4 Packet.
*Feb 17 23:15:01.791: ISAKMP:(1003):Node 2034243652, Input = IKE_MESG_INTERNAL, IKE_GOT_SPI
*Feb 17 23:15:01.791: ISAKMP:(1003):Old State = IKE_QM_SPI_STARVE   New State = IKE_QM_R_QM2
*Feb 17 23:15:01.795: ISAKMP (1003): received packet from 192.168.7.2 dport 500 sport 500 Global (I) QM_IDLE
*Feb 17 23:15:01.795: ISAKMP:(1003):deleting node 2034243652 error FALSE reason "QM done (await)"
*Feb 17 23:15:01.799: ISAKMP:(1003):Node 2034243652, Input = IKE_MESG_FROM_PEER, IKE_QM_EXCH
*Feb 17 23:15:01.799: ISAKMP:(1003):Old State = IKE_QM_R_QM2   New State = IKE_QM_PHASE2_COMPLETE

IPsec y Redes Privadas Virtuales. Por Guillermo Marqués

-62-

- Conclusión

En este curso hemos tratado el protocolo Ipsec y su utilización para crear una VPN entre redes o entre usuarios remotos y redes.

Parte de la información necesaria para realizar este trabajo la he obtenido del libro "The Complete Cisco

VPN Configuration Guide" de Richard Deal y de las prácticas realizadas por mí. Para ello realicé una

instalación de varios equipos en un rack y las conexiones necesarias entre ellos. Este es su plano lógico:

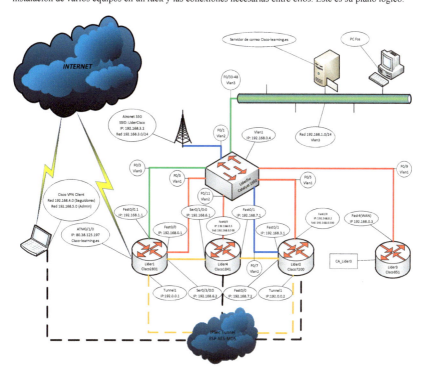

Espero que os haya gustado.

FDO: Guillermo Marqués

IPsec y Redes Privadas Virtuales. Por Guillermo Marqués

-63-

www.ingramcontent.com/pod-product-compliance
Lightning Source LLC
Chambersburg PA
CBHW041145050326
40689CB00001B/493